資産をガッチリ増やす！

超かんたん

「スマホ」株式投資術

矢久仁史
Hitoshi Yaku

彩図社

お金持ちに
なるための道具は、
このスマホ1台だけ

こんなに
混んでいる
電車の中でも
できるし、
毎日の通勤が
楽しくなります

ゲームやネット、
メールでは
お金は増えません

スマホ株式投資で
「もうひとつの給料」を
もらえる生活を
目指しませんか

はじめに

かつて、株式の売買をしたいと思ったら、証券口座を開設している証券会社の営業マンに電話して、「この銘柄を買いたい」「この銘柄を売りたい」と指示を出すものでした。

株を買いたい場合、購入資金は、銀行のATMから画面を操作して、証券会社の口座の方へ送金しました。情報を収集するのは、主にマネー雑誌と四季報。そしてテレビの経済ニュース。証券会社の営業マンと話して、「有望な銘柄はないか」と投資のネタを集めたりしたものです。

その後、テクノロジーの進化によってインターネットが登場し、株式投資は自宅のPCからオンラインでトレードするものへ発展していきました。

そして現在では、iPhoneやAndroid端末の普及によって、株式の売買は、スマホを使用して実行する時代となっています。一人暮らしの学生さんや若い会社員の場合、「自宅にネット回線を引いていない」「自宅にPCがない」という人がいて、株式投資をやってみたいけど、そのための設備がないから無理というケースが、少なからずあるようです。

そんな人たちでも、スマートフォン（スマホ）があれば、株式投資を気軽に楽しむことができるようになりました。インターネットとＰＣの登場が、株式のトレードに革命をもたらしたように、今また、スマホがトレードの在り方を根本から変えようとしています。

もちろん、ＰＣはトレードの手段として今も一般的に用いられていますが、スマホの場合、ＰＣにはない優れた特性があります。それは、「モビリティ（移動性・機動性）」ということです。

通勤電車の中、お昼休みの時間、コーヒータイム、気になったら、すぐにポケットからスマホを取り出して、知りたい情報を確認することができます。アプリを起動させ、「お気に入り」に登録してある銘柄の株価をチェック。チャートを確認して、いくつかの指標をチェック。今が売り時だと判断したなら、スマホの画面をタップするだけで注文が発注され、売買が成立。

株価は取引時間中、常に変動し続けますから、株式のトレードには、タイミングが何より重要です。デスクトップのＰＣは、自宅や会社、ネカフェでしか使えません。ノートＰＣやタブレット端末には、モビリティがありますが、本来、携帯電話であるスマホには遠く及びません。スマホならば、出先でリアルタイムで快適な株式売買が可能です。

その会社の株は、本当に投資する価値のある魅力的な銘柄なのか？

それを知るための財務指標などの基本情報も、アプリから簡単に閲覧可能です。ネット証券各社が提供している株式投資アプリには、「スクリーニング」という、株式市場に上場している企業から、特定の条件に適合した企業を選別してくれる機能があります。「PER15倍以下」「PBR2倍以下」「配当利回り2%以上」「最低購入代金10万円以下」「時価総額50億円以上」などという条件を付けてスクリーニングすれば、あなたが求める条件に合った企業を東証一部のみならず、東証二部、東証マザーズ、JASDAQ、名証（名古屋証券取引所）、札証（札幌証券取引所）、福証（福岡証券取引所）などから、瞬時に選び出してくれます。

コンピューターとインターネットが存在しなかった時代には、想像もつかない利便性が実現しているということです。

日本を取り巻く世界の情勢は、刻々と変化していきます。ひとつの衝撃的なニュースが、株式市場全体の暴騰や暴落をもたらすことだって珍しくはありません。そんなニュースをチェックし損ねたことで、「せっかくのチャンスを見過ごしてしまった」「思わぬ損失を被ってしまった」、そんなことにならないよう、常に情報を確認し続けることは、株式投資にとって本当に重要なことです。ここでも、スマホならば、外出先であっても簡単にニュースの閲覧が可能です。

また、アプリには重要なニュースがあれば、知らせてくれる「アラート機能」がついていますから、情報をつかみ損ねて、チャンスを逸したり、損害を被ってしまうことを防止できます。

「今、世界で何が起こっているのか?」

それをリアルタイムで認識して、的確な売買のタイミングを計ることができるわけです。

昔は、株で利益が出て、それを自分の銀行口座に戻したい時、やはり、証券会社の担当の営業マンに、「自分の銀行口座にお金を移動してほしい」と電話で連絡を入れたものです。

今はそんな手間も必要ありません。ネットバンキングを利用すれば、スマホのアプリをタップするだけで、証券会社の口座から、自分の銀行口座に指定した額のお金が移動されます。株式を購入したい場合も同様です。

「とても魅力的な株を見つけた！　この株を買いたい！」

そう思った時に、証券口座に資金が入っていなかったなら、株を買うことはできませんね。そんな時、ネットバンキングなら、アプリの操作だけで必要な額の資金を証券口座に入金することができるわけです。これで、チャンスを逃さず、トレードが可能になりました。

簡単にまとめれば、スマホひとつで株式取引のすべての過程を実行することができる環境が整っているということです。これから株式投資を始めたい、株をやってみたいけど、難しそう。スマホみたいなちっぽけな電子端末で、お金のやり取りができるの？

そんなお考えの方たちに本書をお読みいただき、気軽に株式投資の世界に足を踏み入れていただけたらと思います。本書があなたの資産形成の一助となりましたら、何よりの幸いです。

資産をガッチリ増やす！

超かんたん「スマホ」株式投資術 ―目次―

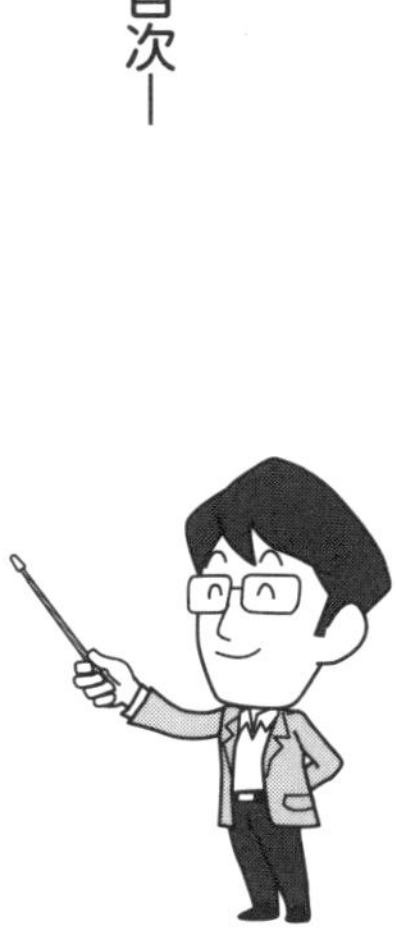

第二章　株を買うまでのワクワク時間

第三章　何を買えばいいのかをしっかり教えます　71

第四章　買うときはドキドキ、売るときもドキドキ

第五章　一生続けるための必勝ルールとコツ

序章
投資の主役は間違いなくスマホになる

投資の主役はスマホになる！
その01

個人保有現金資産971兆円時代！

低金利で必要なのは「投資の知識」

日本銀行が発表した2018年6月末の資金循環統計によれば、個人が抱える「現金・預金」は、2・2％増の971兆円に達したとのことです。さらに株式債権などを加えた個人の金融資産は、総額で1848兆円という巨額の数字になっています。実に、日本人の個人資産のうち、50％以上を「現金」が占めていることになります。

これにはやはり、日本全体を覆うデフレ心理が大きく働いていると考えられます。

「私たちの世代、年金はちゃんともらえるのかしら？」

「いつ何が起こるかわからないから、資産は現金で持つのが一番、安心」

日本人の現金志向は、すなわち、「安全志向」であるともいえるでしょう。

しかし、金利が年率0・025％の銀行預金に100万円預けたとしても、利子は250円にしかなりません。さらにそこから税金が引かれます。細かく言うと、所得税15％、復興特別所得税0・315％、住民税5％、合計20・315％の税金がかかってくることになります。

土日に銀行のATMからお金をおろしただけで、利子など吹っ飛んでしまいます。

バブル時代のように、定期預金の金利が6％も付いていたころなら、銀行に預けておくだけで、お金は順調に増えていきました。

この超低金利の時代、大切なお金を安全かつ有利に運用していくためには、何よりも正しい「投資の知識」が不可欠であると考えます。

日本人の金融資産1848兆円
その半分は「現金」！

日本人の金融資産

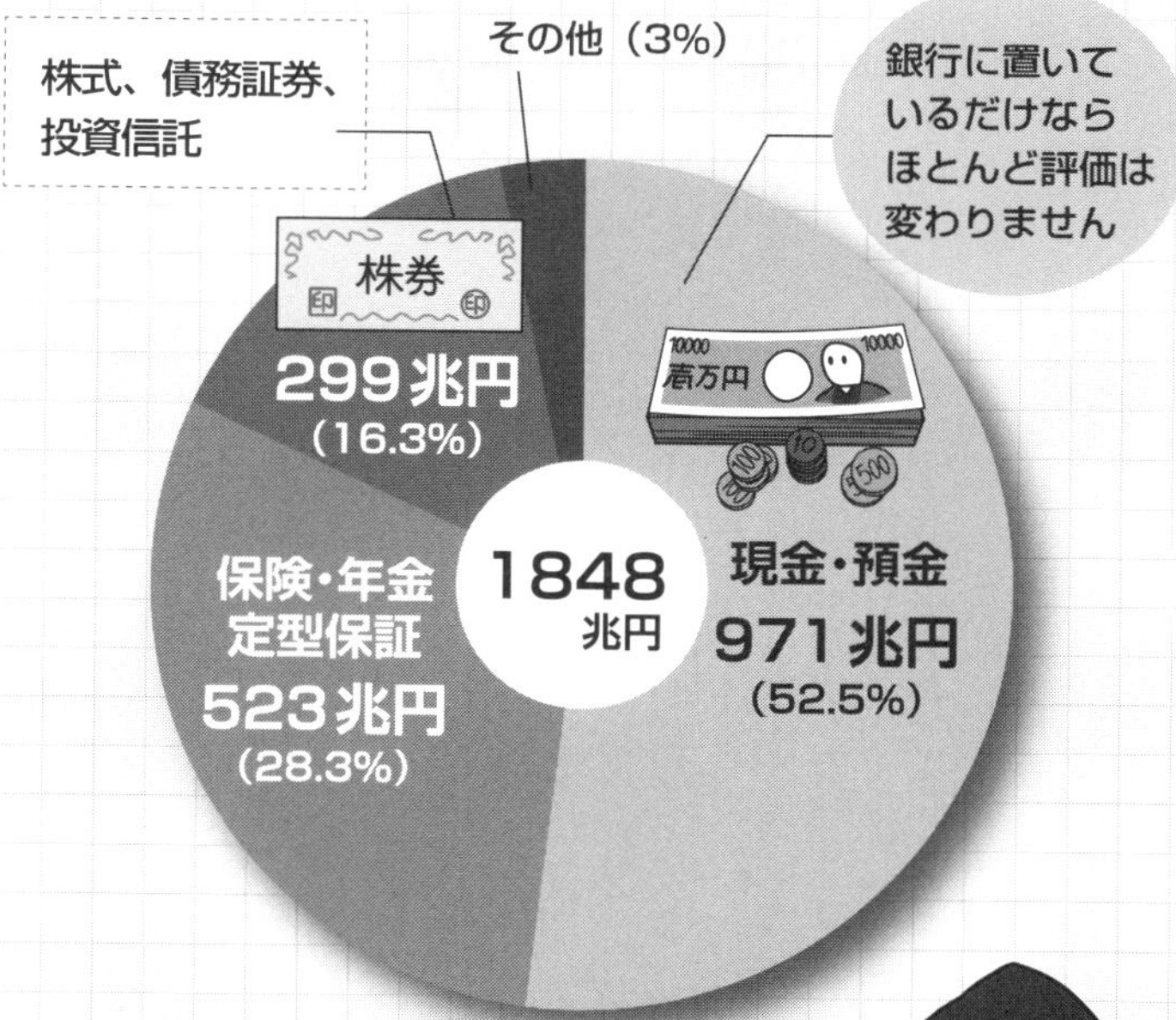

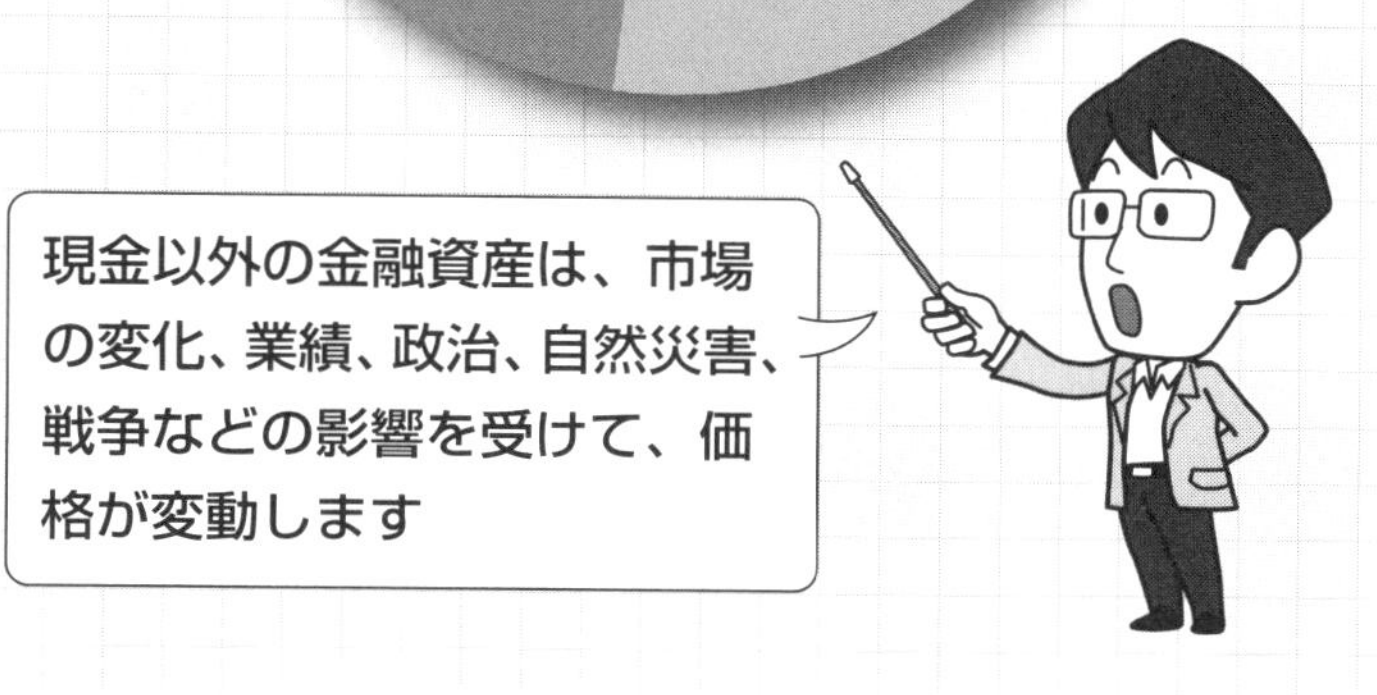

投資の主役はスマホになる！ その02

ネット株式売買は400兆円規模
個人取引はこれからもっと伸びていく！

ネットがこれだけ普及する以前、一般投資家が株を買おうと思いたったら、まず、証券会社に口座を作成しなければなりませんでした。証券会社へ直接赴いて、身分証を提示し、必要な書類に署名捺印して、証券口座を開設。その証券口座へ自分の銀行口座からオンラインで送金。株の売買の指示は、電話で営業マンに対して、「こういう株を買いたい、売りたい」という連絡を入れる。

「振り込め詐欺」などという言葉もなかった時代ですから、銀行の口座から証券会社の口座へ、ATMの操作だけで、何百万円だって送金できた時代。証券会社の営業マンに、電話をかけてアドバイスをもらうこともあれば、営業マンの方から「この銘柄がおすすめです」という連絡が入ることもありました。

そんな時代に比べて、現在、株式投資は初心者にとって、とても始めやすいものになっています。

証券口座の開設そのものが、ネットでできること（本人確認のための写真の送付までネットで可能です）、取引がPCやスマホのキーボードをタッチするだけで可能になったこと、ネット証券業の発達によって、売買手数料がとてもお安くなっていること。

特にスマホは、技術の進歩が目覚ましく、通信速度もとても速くなりました。アプリも充実して、誰もがふつうに持っているあたりまえの道具になりました。

ネット株式売買の総額は今や、400兆円の時代。スマホによる株取引は、これからますます盛んになっていくでしょう。

株式投資の主流はネット証券に

楽天証券の総合口座数

※2018年11月現在

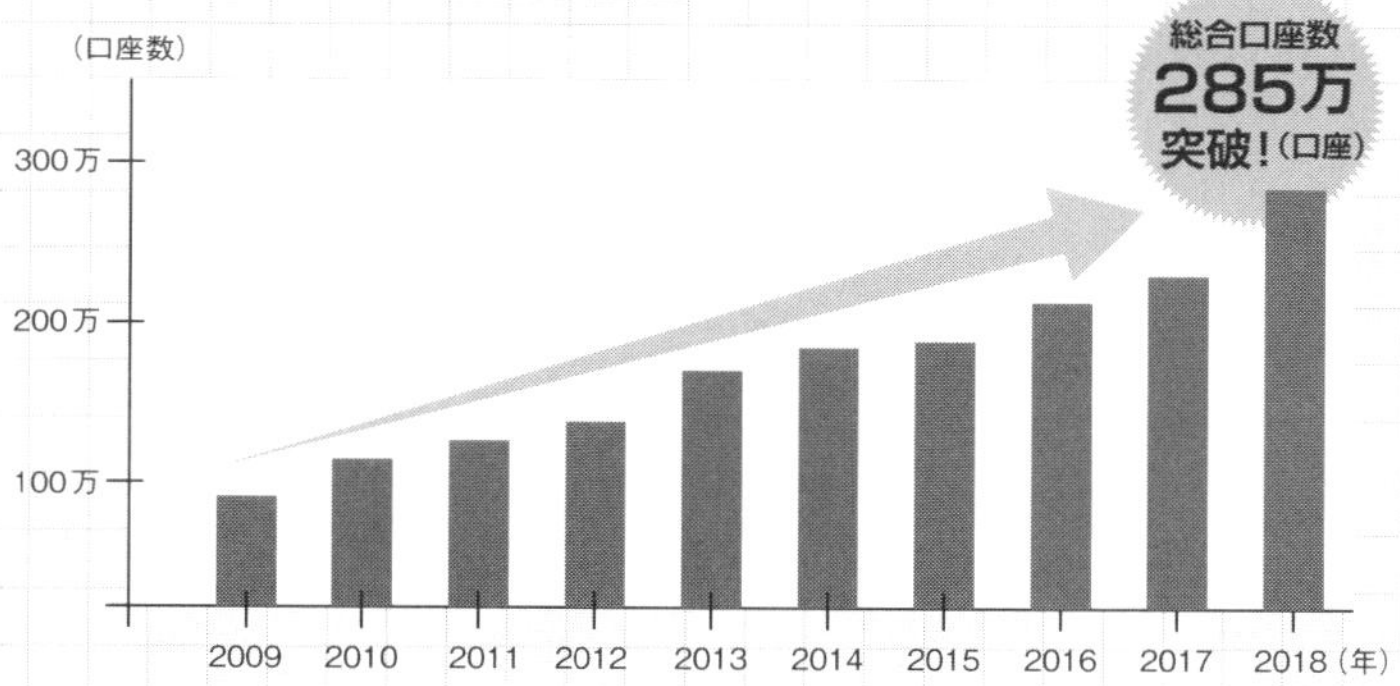

便利なネット証券

■ネット証券会社ができる前の口座開設から株式購入まで

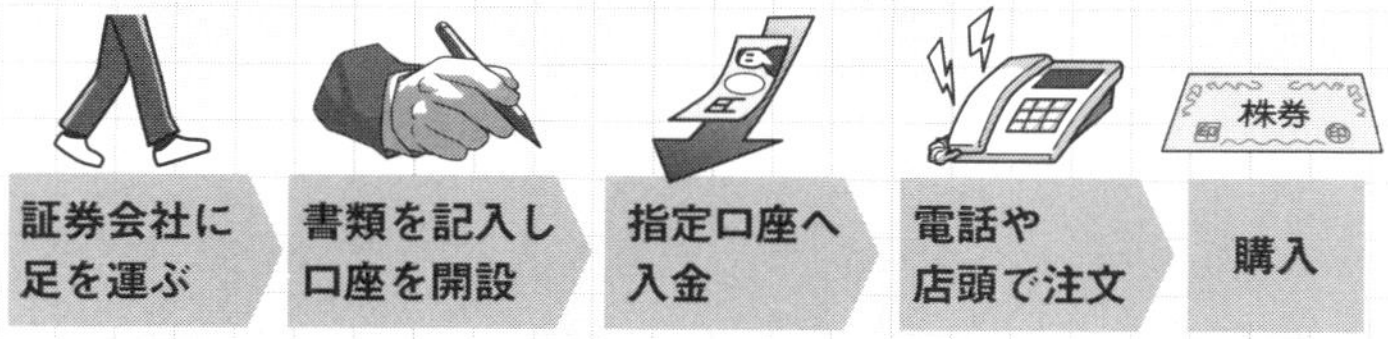

口座開設のために店頭に足を運んだり、電話で注文を入れるなど手間がかかる。

■ネット証券会社における口座開設から株式購入まで

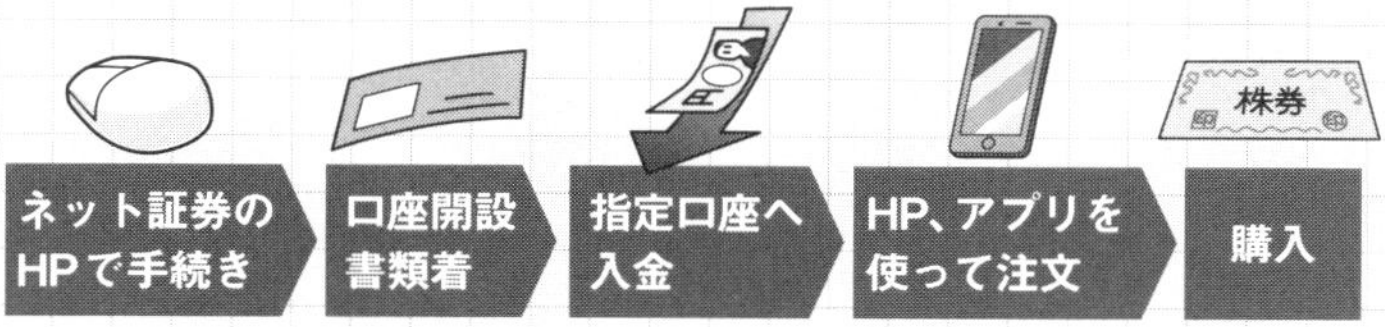

自宅に居ながらにして口座開設完了。注文もPCやスマホだけでできる。

投資の主役はスマホになる！ その03

世の中の8割は「給与所得者」！ 所得を増やすには「第2の給与」を作るべき

世の中にはいろいろな仕事があります。その中で8割を占めるのは、サラリーマン、公務員などの給与所得者、つまり、企業や役所に労働力を提供し、その対価として報酬を受け取る人たちです。この人たちに共通するのは、労働の対価として得られる収入が役職・等級などによって、ある程度、固定化していること。そして、1日の大半をその仕事によって束縛されるということです（もちろん、高度な専門職や、在宅勤務の人たちは別ですが）。

今より2倍稼ぎたいと思っても、2倍働くのは事実上、不可能。そんな事をしたら、過労死確実です。

また、公務員は原則として、「副業禁止」。一般企業であっても、就業規定で「副業、あるいはアルバイトなどは禁止、または制限あり」というのは普通です。

給与所得者は、本業以外ではなかなか、お金を稼ぐことができない。お金を稼ぐ時間もなければ、場所もない。残念ながら、それが厳しい現実のようです。

「ひと月に4万円か5万円でいいから、余分なお金があれば、とても助かるんだけどなあ」

実際にそういうことって、多くないでしょうか？お給料が一定で、1日の大半を会社や役所の建物内で過ごすほかない、そういう人は収入を増やすための「第2の給与」作りを考えてみてはいかかでしょうか？ スマホを使って株式投資をすることは、この「第2の給与」を得るために、とても有用な方法です。これからそれを一緒に学んでいきましょう。

株式投資で第二の給料を作ろう

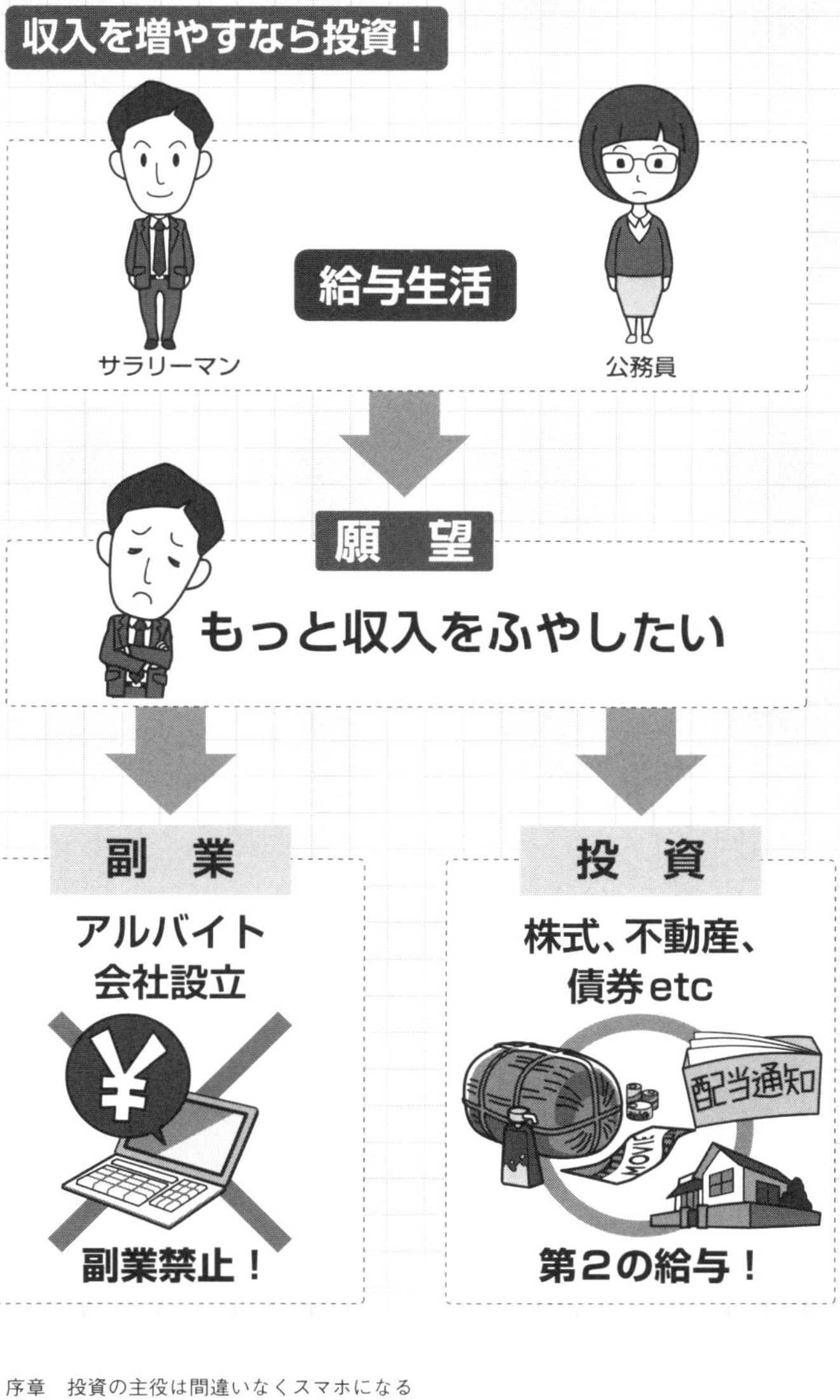

投資の主役はスマホになる！
その04

1日15分、満員電車の中でもＯＫ！
スマホ投資ならゲーム感覚でできる

かつて株式取引とは、証券会社に実際に赴く、あるいは電話をかけて銘柄の売買の指示を出す。それがふつうでした。ネットの発達とともに、個人投資家の間では、ＰＣを使った取引があたりまえとなっていきました。最近では、専用のアプリを使用することで、スマートフォンが株式売買のツールとして急浮上しています。

現代人にとって、スマホは必須のアイテム。その強みは何といっても、モビリティです。たとえ、満員電車の中であっても、ランチタイム中でも、休暇旅行中であっても、ポケットからさっとスマホを取り出して、株価をチェックしたり、株を買ったり、売ったりすることができます。

また、スマホの利点は素早く最新のニュースを閲覧できること。株価に影響を与えそうな事件が発生したら、スマホで即座にチェック。「ここは買い時！ ここは売り時！」そう判断したら、スマホを使ってその場で売買の指示を出せるわけですから、チャンスを逃しません。

「保有している株が、何円まで上がったら、あるいは下がったら、知らせて」

アプリにアラート設定をしておけば、指値で買いたい値段、売りたい値段になったらスマホがプッシュ通知で教えてくれます。銀行のネットバンキングを活用すれば、スマホで銀行口座から証券口座への入金が可能。チャンスを逃しません。もちろん、株でもうけたお金を銀行口座へ戻すのも、スマホひとつでＯＫです。

スマホ投資は便利で楽ちん！

スマホ投資は時間と場所を選ばない

満員電車

ランチ中

海外旅行

スマホ投資なら･･･
いつでもどこでも投資が可能！

スマホ投資はとにかく便利

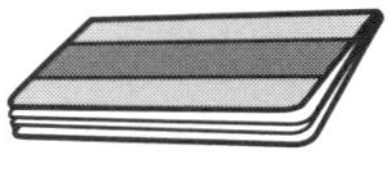

アラート機能	自動売買	入金、出金
株価の変動や重要なニュースをプッシュ通知で教えてくれる。	仕事中、遊び中でも機械的に処理してくれる。	ネットバンキングを利用すれば出入金をスマホで処理できる。

スマホ投資なら･･･
投資のチャンスを逃さない！

投資の主役はスマホになる！ その05

株の値動きから、経済ニュース、掲示板まで…

投資に必要な情報はすべてスマホで入手！

ネット以前、株価をチェックしようと思ったら、頼れるのは新聞でした。

東京証券取引所で扱われる主要銘柄ならば、朝刊の株式欄に前日の終値が掲載されていました。

また、「全銘柄を知りたい」と思ったら、日本経済新聞を見る必要がありました。

しかし、このネット時代、株式投資に必要な情報は、すべてネットで入手できる時代となっています。

ヤフー・ジャパンが運営する「ヤフー・ファイナンス」、株のバイブルと呼ばれる「四季報」のネット版「四季報ONLINE」などでは、個別銘柄の値動きを表すチャート、日経平均株価・NYダウ・上海総合など主要な指標、為替レート、株の値上がり率・値下がり率・出来高《できだか》・検索率などのランキング、経済ニュース、企業情報、スクリーニング機能、そして「プロが見たチャンス銘柄」、個人投資家が情報交換するための「掲示板」まで、実に内容が充実したものとなっています。

これからご紹介する楽天証券のスマホ用株式投資アプリ、「.iSPEED」では、もちろん、チャートで銘柄の値動きや板《いた》情報で価格別の注文数を見ることができます。各社が提供するIR情報をPDFで読むこともできます。また、本来有料である「四季報」や日経新聞の一部記事を読むこともできるのです。

必要な情報は満員電車の中でも、飲み会の最中でもトイレの中でも手にできる時代です。まずはこの情報に慣れることが必要だともいえます。

スマートフォンひとつで必要な情報はすべて手に入る！

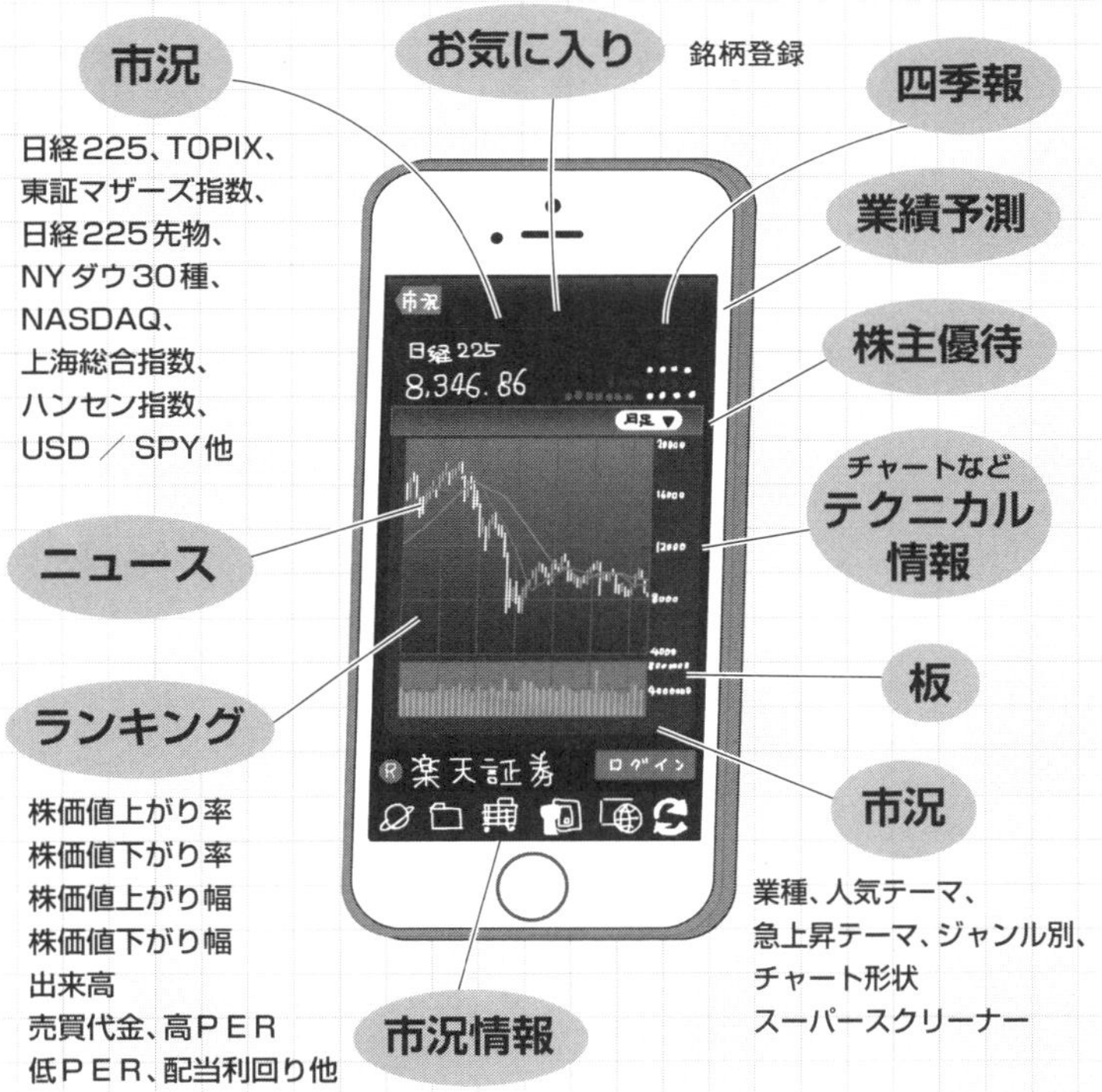

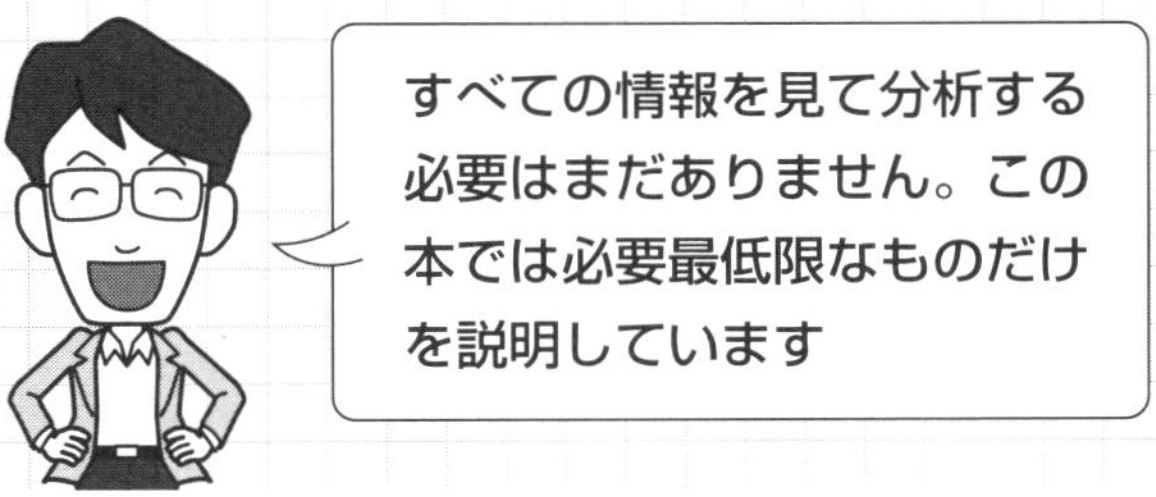

投資の主役はスマホになる！
その06

口座管理も入出金管理もラクラク
スマホで資産管理はバッチリ！

スマホで株を取引するということは、あなたのスマホに各証券会社が提供しているアプリをダウンロードして、そのアプリを通じて証券会社に売買の指示を出すということです。現在では、主要な証券会社が、iPhone、Android の双方に対して自社製のアプリをリリースしています。

いろいろな会社のアプリを見比べて、最も自分に合ったもの、使いやすいものを選びましょう。

楽天証券のアプリ「iSPEED」では、「総合サマリー」という項目で、現在、自分が日本株をどれだけ保有しているか、預り金はいかほどになっているか。また、注文の履歴や、その注文が成立したかどうか、「注文照会」で確認することができます。

もし、あなたが日本株に買い注文を出し、それが成立したら、総合サマリーを開けば、保有している日本株の資産額が瞬時に増加しています。一方、預り金を使ったため、現金の資産額がすぐ減少しているはずです。

このようにスマホで、現在の保有資産・注文状況を確認することが瞬時にできて、とても便利。証券会社によっては、日本株のほか、外国株、投資信託、債券、FXなどの投資に対応しているところもあります。

小さなスマホ1台でどこにいても、これらの資産を一元管理できます。

瞬時に自分の資産の増減がわかるので儲かっているときは、1日何回もチェックして至福の瞬間を味わうことができるのです。

売買状況が一目でわかる！「総合サマリー」で一元管理

iSPEEDの総合サマリー画面

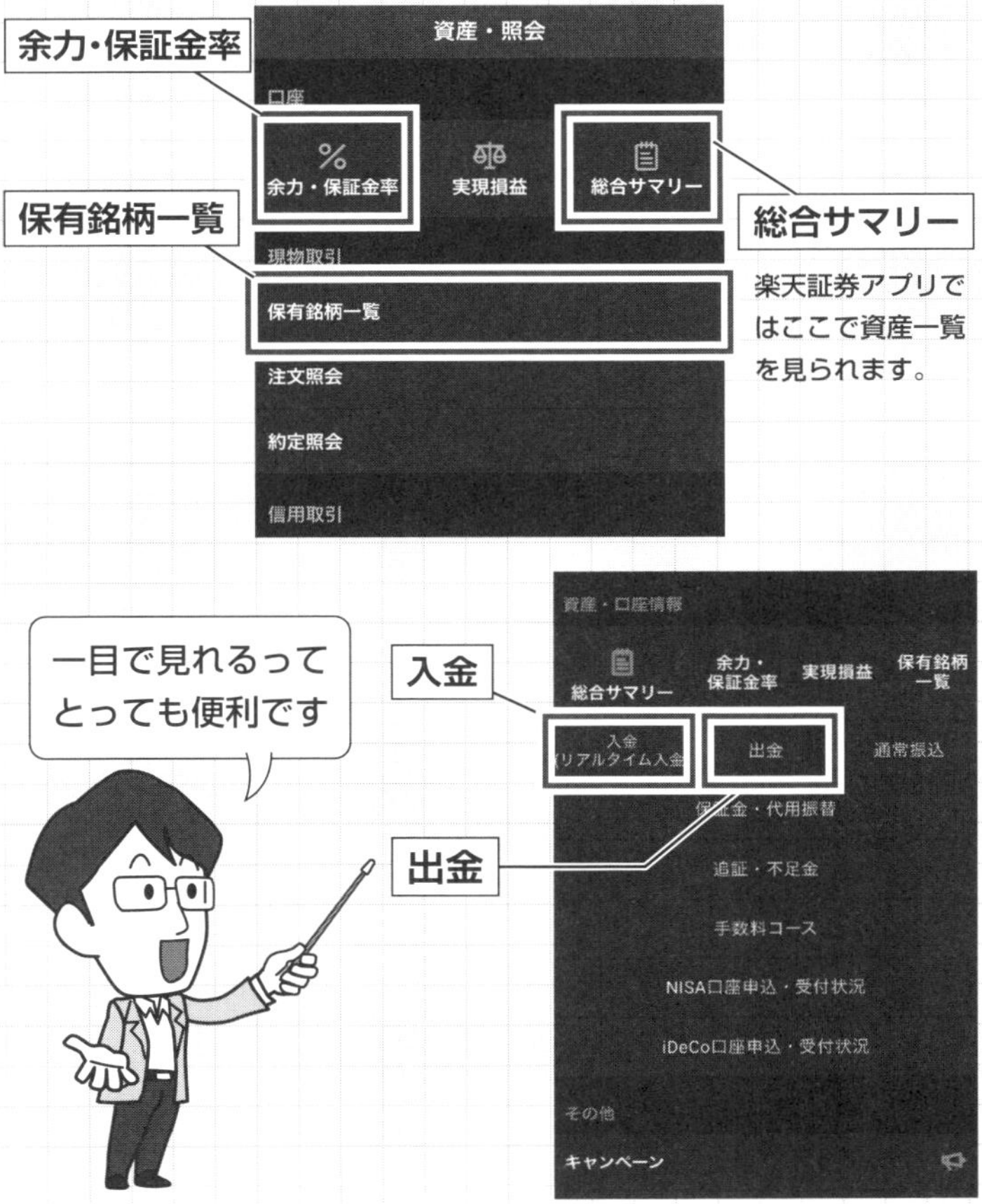

コラム１

円高で株価がダメージを受けるのはなぜ？

為替というのは、２つの国の通貨を交換する際のレートのことで、為替は株価に大きな影響を与えます。「１ドル＝１２０円だったのが、１ドル＝１００円になった」これを「円高」と言います。

「おかしいな。ドルに対して、円が安くなってるじゃん？　なんでこれで『円高』なの？」

これは、「これまで１ドルを買うのに、１２０円が必要だった。それが１００円で買えるようになった。つまり、ドルに対して円の価値が増大した」そういうことを意味しています。

一例として、アメリカに製品を売ったとき、１ドル＝１２０円だと、円換算で１２０円手に入る。

それが１ドル＝１００円になってしまうと、１００円しか手に入りません。このように円高は国内向けより、輸出に比重を置いている企業にとって、大きなマイナス材料となってしまうのです。逆に言えば、輸入比率の高い企業にとって、円高はプラス材料になります。

アメリカから製品を購入する際、１ドル＝１２０円だと、円換算で１２０円の支払い。これが１ドル＝１００円の円高になると、支払額は円換算で１００円で済むことになります。

物事にはすべて両面があるはずなのに、円高が進むと日経平均株価は下落してしまうことが多い。これは、日本が資源小国で海外から資源を輸入して、国内で加工した完成品を海外へ輸出して発展してきた貿易立国であり、日経平均の採用銘柄は輸出関連企業の方が多くなっているためなのです。

第一章

「株って何だろう？」みんなにやさしい株式投資

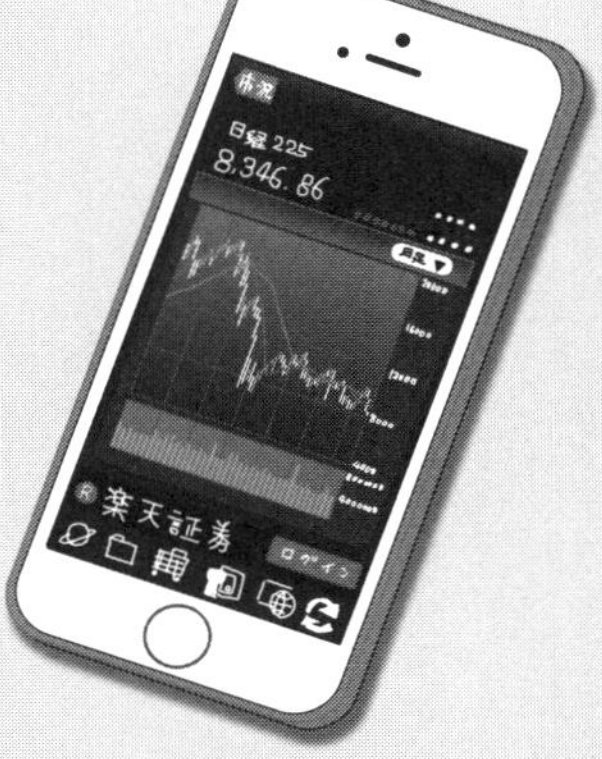

株式取引のための基礎知識 その01

超低金利の時代、積極的にお金を増やす
そもそも投資ってどんなもの？

私たちが「お金を増やしたい」と考えた時、ふつう、何を始めるでしょうか？　まず、「貯金」ではないでしょうか？　毎月のお給料から、天引きでお金を積み立てていけば、何のリスクもなく、お金が貯まっていきます。元本は保証されており、満期時にいくらになるか、最初から知ることができます。

これに対して、「投資」とは、積極的にお金を増やしていくことに重点が置かれます。運用の結果、あなたのお金は大きく増えているかもしれないし、減っているかもしれません。

「預貯金」「債権（国債・公社債）」は、元本保証で安全だけど、得られる利益もわずか。「投資信託」「株式投資」は、お金を減らしてしまう恐れがあっても、大きな利益を望むことができる。

ハイリスク・ハイリターン、ローリスク・ローリターンが、金融商品の原則であるということですね。

人生には、就職・結婚・子供の教育費・住宅購入・老後の生活など、「お金がいくら必要になるか」、あらかじめ想定して、準備しておかなければならない様々なイベントが続きます。

超低金利の時代、預貯金だけでそのお金を賄うことが難しいとしたら、リスクをとって「投資」に踏み出してみるのも「あり」ではないでしょうか？

一方、「投機」ということばがあります。デイトレードでは、「一晩で大金を失った」という話を聞きますが、これこそ、マネーゲームという名の「投機」です。将来、幸せをつかむために賢い「投資」をするよう、心がけましょう。

低金利の時代だからこそ、投資でしっかり資産を増やす

銀行預金の場合

預貯金

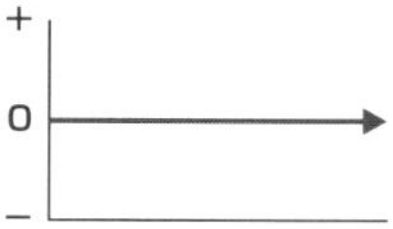

将来いくらになるか確定している

ローリスク
ローリターン
元本保証

大きく増えない
銀行の普通預金利率
年利0.001%
※2018年10月現在

10万円→1年後10万円100円

投資の場合

投資

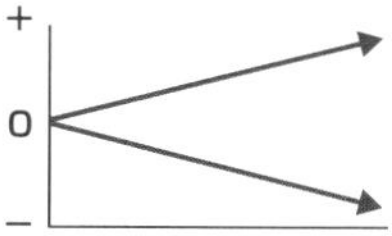

将来いくらになるか確定していない

ハイリスク
ハイリターン
元本保証されない

大きな利益を手にできるかもしれないし損するかもしれない

10万円→1年後100万円〈10倍〉

→1年後5万円〈半分〉

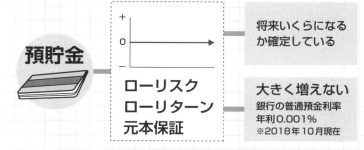

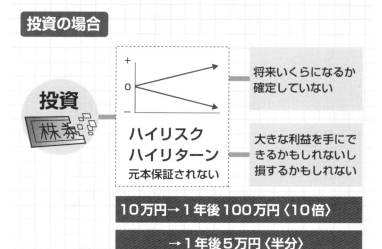

株式取引のための基礎知識 その02

売買ができて配当までもらえる
そもそも「株」ってなに？

ある会社が新しい事業を始めようとするとき、当然、大きな資金が必要になります。そのお金を集める方法として、2つのやり方があります。

ひとつは、「間接金融」。会社が銀行など金融機関からお金を融資してもらうことです。銀行は一般預金者からお金を集め、それを会社に貸し出す。新しい事業によって利益が上がれば、会社は銀行に利子を支払う。そして預金者は銀行から利子を受け取る。そういうやり方です。

もうひとつは、「直接金融」。会社が投資家たちから直接、新しい事業のためのお金を募集することです。そして、会社がお金を出してくれた人に対して発行する証明書が「株式」なのです。

株を買うということは、株主になること、すなわち、その会社のオーナーになるということなのです。ちなみに、その会社の株式を50％以上取得すれば、会社の経営権はあなたのものになります。

株主は、会社のオーナーの一人として、特別な権利を有しています。株主総会に参加して、今後の経営方針を経営陣から直接聞いたり、自分の意見を発表したりすることができるのです。また、利益が上がれば、その中から「配当」という分配金を受け取ることができます。さらに業種によって、株主たちは様々な「株主優待」という恩恵を受けることができます。

会社が投資家たちから募集した資金は、返済の必要がありません。それは、株式が証券取引所で売買される「商品」でもあるからです。

企業が投資家から直接資金を集めるのが「株式」

【直接金融と間接金融】

株式取引のための基礎知識 その03

株は証券会社を通じて取引所で売買

株式取引の仕組みを知ろう！

株式とは、事業にお金を出してくれた投資家に対して、会社が発行する証書のことです。だからと言って、ある会社に赴いて、「御社の株を売ってください」と頼んでも、売ってはもらえません。

株式とは、証券取引所で売買される、一種の金融商品だからです。しかし、その証券取引所に行って、「この会社の株を買いたい」と言っても、やはり、売ってはもらえません。

あなたが株を買ったり、売ったりしたいと思ったら、証券会社に「買い注文」「売り注文」を出します。あなたの注文は、証券会社を通じて証券取引所に送られ、買値と売値がマッチして売買が成立すれば、取引成功ということになります。

つまり、証券会社は、手数料をもらって、投資家であるあなたと証券取引所を仲介するブローカーの役目を果たしているわけです。

また、証券会社は、会社が新たに発行する株式・債券・CB（新株予約権付き社債）を引き受け、投資家たちに売り出すアンダーライター業務も行っています。

証券会社には、機関投資家を顧客とするような大手証券から、個人投資家たちに主力を置く中堅証券、最近ではネットに特化したネット証券など、様々な業態があります。株の取り引きは、その金額によって手数料が異なっていますから、株を売買するときの金額、取引の頻度をよく考えて、証券会社を選びましょう。

※ここでいう「株式」とは株式上場している会社の株を指します。

株は証券会社を通して売買
株取引の大まかな流れ

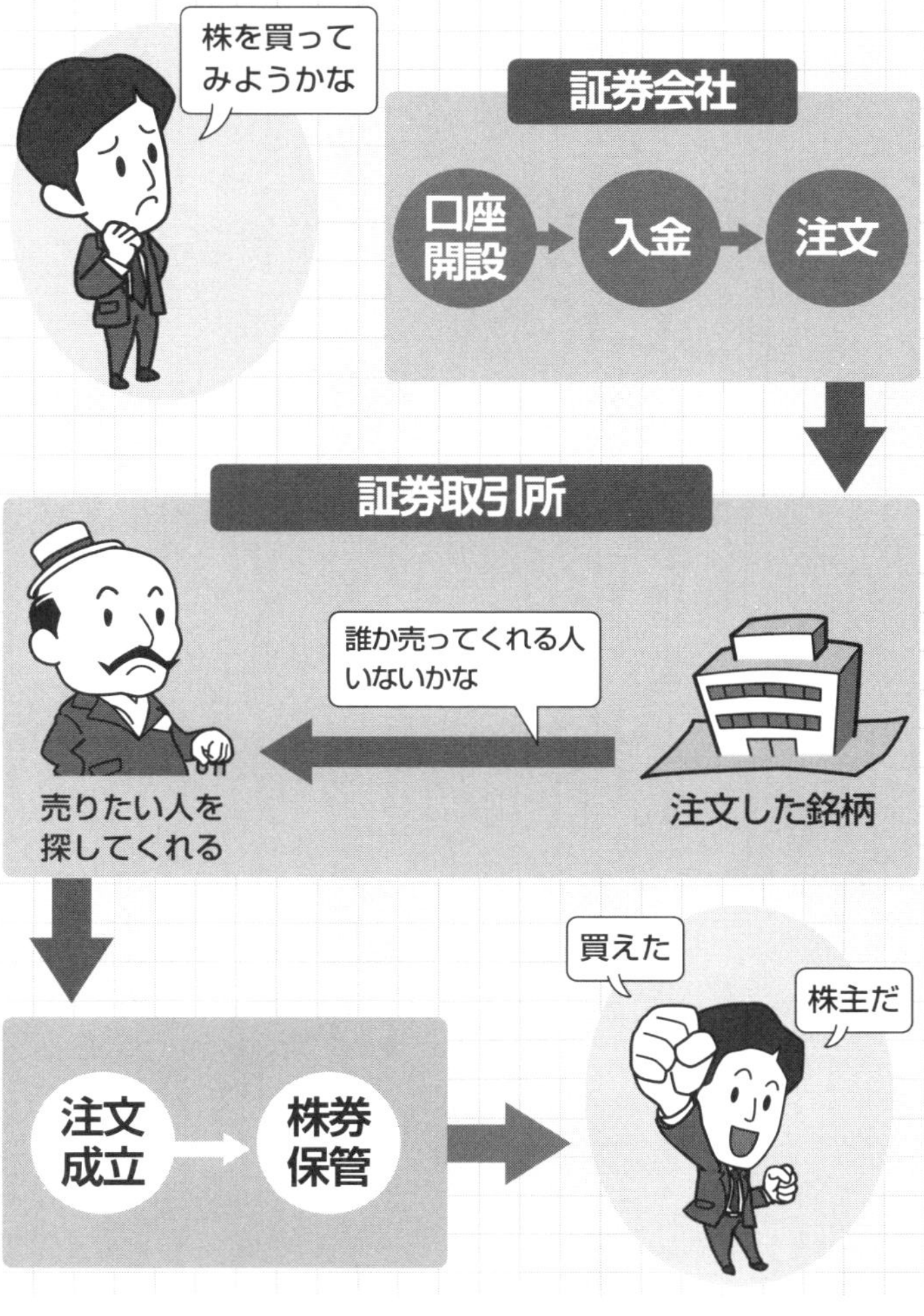

株式取引のための基礎知識 その04

1億円以上の資産形成も夢ではない!?
「株で儲かる」って具体的にどういうこと?

最近、「億《おく》り人」ということばが流行っているようです。これは、滝田洋二郎監督の2008年製作の映画『おくりびと』にかけたもので、つまり、投資で億単位の資産をこしらえた人ということです。

あなたが株を買いたいと考えている、その理由は? ずばり、「株を安く買って、高く売りたい」ということですね。1000円で買った商品が、1500円で転売できたら、500円の儲け。この値上がり益を「キャピタルゲイン」といいます。

株に投資する人たちの多くが、この値上がり益を目的としています。もちろん、株には逆に値下がりして、損失をこうむってしまうというリスクも併せて存在しています。

株の世界では「大化け株」と言って、1年で2倍、3倍どころか、10倍(テンバガーといいます)に株価が急上昇する銘柄が、いくつも存在します。

また、株には、「配当」と「株主優待」という魅力的なおまけがついてきます。「配当」とは、業績が上がった時、株主に利益の一部を還元するもの。たとえ、所有している株の総額の2~3%の金額であっても、この超低金利の時代、悪くない収入になるはずです。これを「インカムゲイン」といいます。

また、株主は会社から、自社商品をプレゼントされたり、その会社のサービスが格安で受けられたりする特典を得ることもできます。

「値上がり益」「配当」「株主優待」、これが株取引の三大メリットであると言えます。

株には3つのメリットがある！

株取引のメリット

1.値上がり益

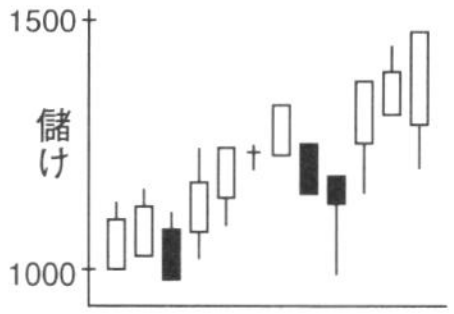

目指せ
「億り人」!!

自分の資産が数倍になることも可能！

2.配　当

持っているだけでお金が入ってくる定期的なお小遣いのようなもの！

3.株主優待

飲食品、商品券、鉄道切符、自社商品購入時割引券etc

うれしいプレゼントみたいなもの!!

株取引の主軸は「値上がり益」です。「配当」「株主優待」はもらえたらラッキーという感覚です

株式取引のための基礎知識
その05

変動する株価に一喜一憂!?

株価はどうして動くの？

「この会社の株が欲しい」　そう考える人が多ければ、その株式には多くの買い注文が集まり、株価は上昇します。逆に「この会社の株は、もういらない」そう判断する人が多ければ、その株式は証券市場で売りに出され、株価は下落することになります。

株とは、一種の「人気商品」であると言ってもいいと思います。

その人気を測るバロメーターは、その会社の業績予想です。業績が上がれば、「この会社の株は、もっと上がる！」と、投資家たちの期待がふくらみ、その会社の株が買われて、株価は上昇します。逆に業績低迷で、「あの会社は危ない！」ということになれば、そんな会社の株はさっさと処分しておこうということになり、市場で株が売られ、株価は下落することになります。

また、その会社が画期的な新商品やサービスを発表した時、それがヒットした時など、一気に株価を押し上げる要因になります。

２０１６年、ポケモンＧＯのメガヒットで、本来、値動きの小さな大型株である任天堂の株価が急上昇し、わずか6営業日で2倍の値を付けました。投資家たちが、「任天堂の業績が大幅に向上する！」と考えたからです。

しかし、その後急落。「ポケＧＯの日本配信時が利食い売りのチャンス！」と大勢の投資家たちがそう判断していたからだと言われています。株価とは、このように実態だけでなく、予測や、投資家たちの欲望や恐怖によっても大きく動くものなのです。

株価変動の理由はさまざま

株の上昇理由と下落理由

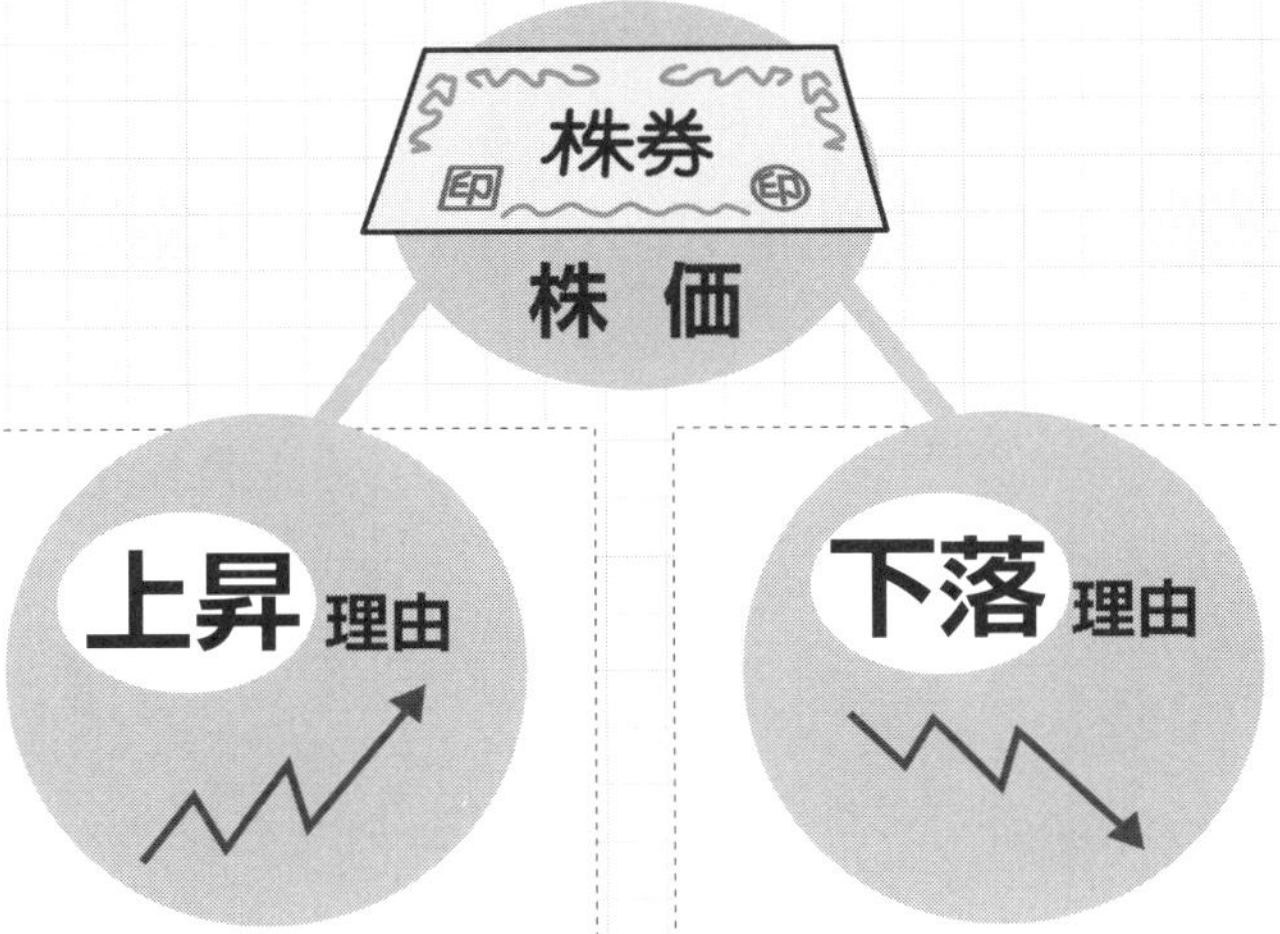

・業績好調
・新商品、新ビジネス高評価
・業務が流行にマッチ
・配当増額
・政治、法律改正が好影響
・円安による外貨資産評価アップ
…など

上向き・好材料

・業績ダウン
・商品・業務トラブル
・業務の変革がうまく進まない
・配当減額または無配当落ち
・政治、法律改正で業務に打撃
・円高による外貨資産評価ダウン
…など

下向き・不安材料

株式取引のための基礎知識 その06

東証一部二部にマザーズ、JASDAQ…株はどこで売買されているの？

株式は、証券取引所で売買されています。

日本には、現在、四つの証券取引所があります。中でも最大の規模を誇るのが、東証（東京証券取引所）です。東証は、ニューヨーク証券取引所（NYSE）、ロンドン証券取引所（LSE）とともに、「世界の三大証券取引所」と呼ばれています。この東証も、市場が五つに分かれています。とりわけ有名なのが、「東証一部」。東証の厳しい審査に合格した、日本を代表する錚々たる名門企業が、その名を連ねています。さらに一部よりは上場審査の緩い「東証二部」。ここには中堅企業が登録されています。そして新興企業向けのマザーズとJASDAQ。そしてプロのためのTOKYO PRO MARKET。東証のほかには、名証（名古屋証券取引所）、札証（札幌証券取引所）、福証（福岡証券取引所）が存在し、地方の企業が上場していたりします。それぞれ「東証一部」「東証二部」にあたる「本則市場」と「新興市場」があります。

東証で取引できる時間帯は、午前9時から11時30分まで（前場といいます）、そして12時30分から15時まで（後場といいます）、合計で5時間だけということになります。

スマホによる注文は、基本的に24時間、365日、いつでも受け付けてくれます。証券取引所の営業時間内に働いていても、前もってスマホで注文を出しておけば、取引に参加可能です。午後3時以降の注文は、基本的に翌営業日の取引時間に処理されることになります。

日本の証券取引所は８カ所

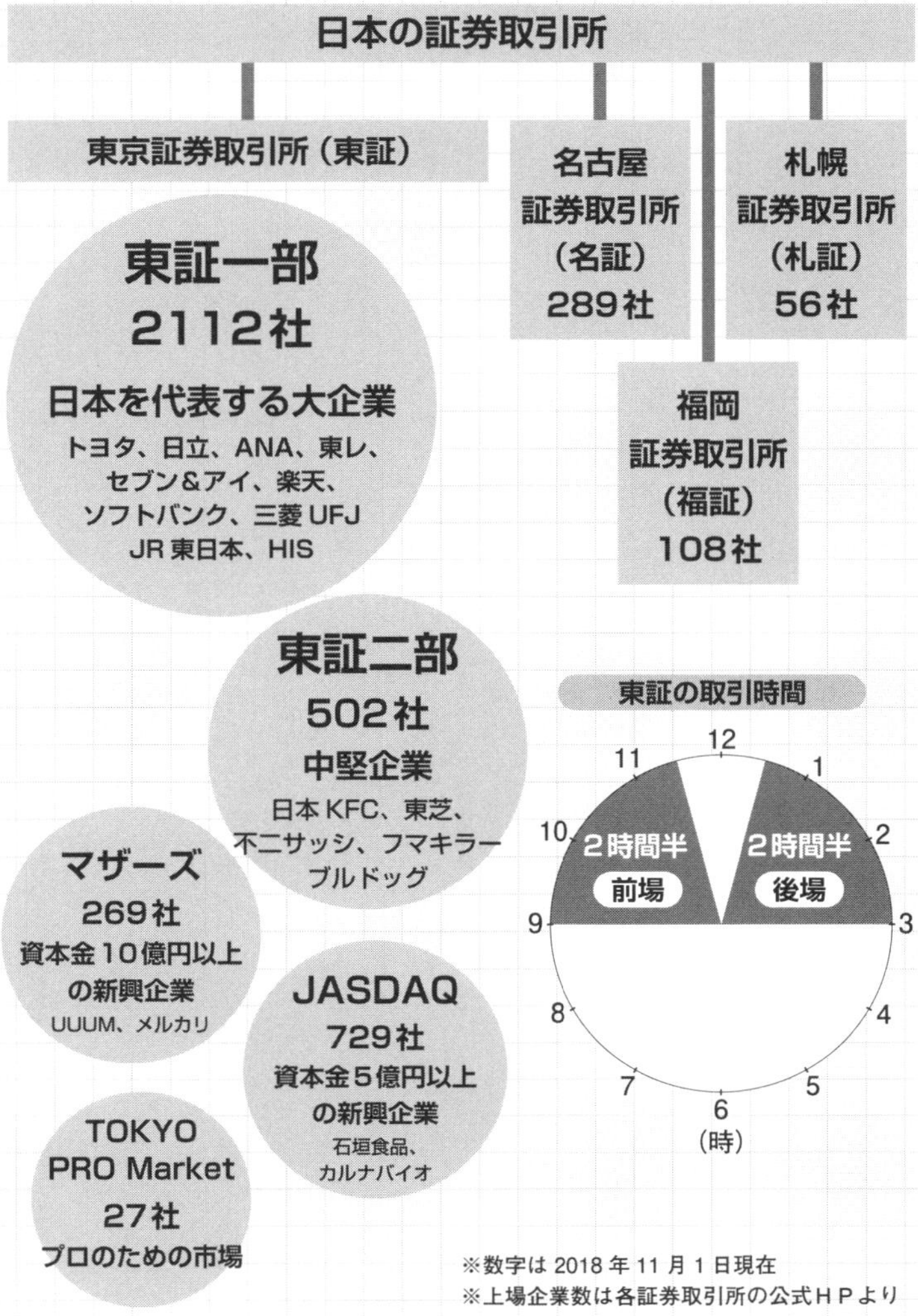

※数字は 2018 年 11 月 1 日現在
※上場企業数は各証券取引所の公式ＨＰより

株式取引のための基礎知識 その07

対面取引か、ネット取引か…株は自分に合った買い方で！

投資家が「この会社の株が欲しい！」と思ったら、株の仲介業者（ブローカー）である証券会社に、「買い注文」を出します。同じく、「株を売りたい」と思ったら、「売り注文」を出します。そのためには、まず、証券会社に取引口座を開設する必要があります。

株の売買には、対面取引とネット取引の2つのやり方があります。

対面取引とは、証券会社の営業マンに電話で売買の注文を出す方法。これに対して、ネット取引は、PCやスマホで、ネット経由でダイレクトに注文を出すやり方です。

対面取引では、プロの営業マンによるアドバイスを受けることもできますが、一方、手数料が高くなります。「この株を買いませんか？」というセールスの電話やメールが来て、煩わしさを感じることも多いでしょう。

これに対して、ネット取引は、PCやスマホのアプリ、あるいはweb上の画面から注文を出します。プロのアドバイスをもらうことはできませんが、取引にかかる手数料はずっとお安くなります。

証券会社によって、扱っている金融商品が異なりますし、売買の手数料や投資家に提供される情報サービスの質と量もまちまちです。また、PCやスマホで取引する場合、「画面が見やすいか」「操作の手順が分かりやすいか」なども、重要なチェックポイントになるでしょう。

自分の投資のスタイルにどれが一番合っているか、十分に比較検討してみましょう。

対面取引か、ネット取引か
株の売買の方法は２種類ある

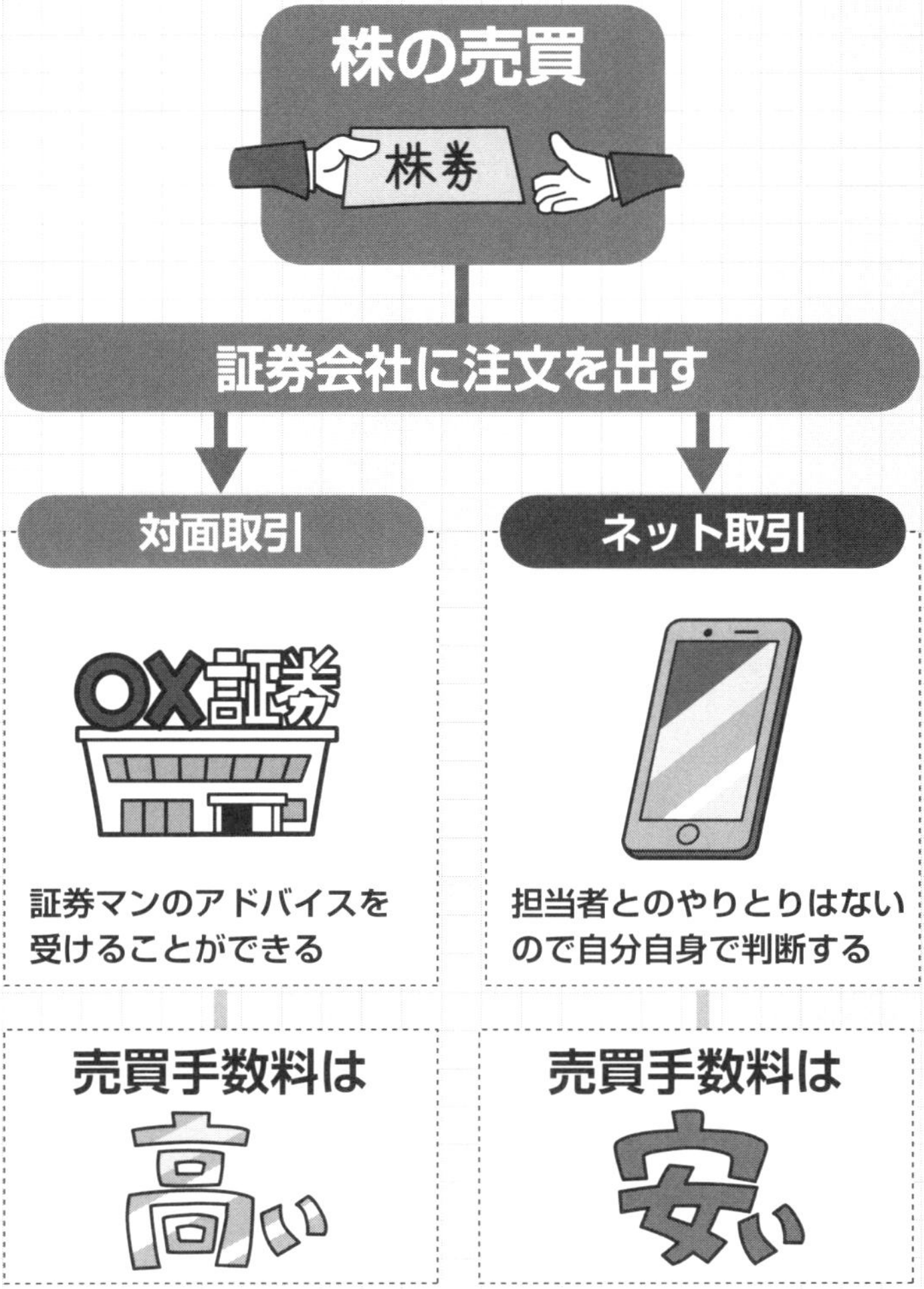
株の売買
株券
証券会社に注文を出す
対面取引
ネット取引
○×証券
証券マンのアドバイスを受けることができる
担当者とのやりとりはないので自分自身で判断する
売買手数料は
高い
売買手数料は
安い

株式取引のための基礎知識 その08

投資家デビューに最適の格安プランも出現！

手数料は超激安の「0円」から!!

株の売買には、手数料がかかることをお忘れなく。主要なネット証券（口座数上位5社）は、SBI証券、カブドットコム証券、松井証券、マネックス証券、楽天証券の5社になりますが、それぞれ、取引に対する手数料が異なっています。

本書でご紹介している「iSPEED」を提供している楽天証券から、何と!!　手数料「0円」のプランが登場しました。

楽天証券には、1取引ごとに手数料がかかる「超割コース」と、1日の約定《やくじょう》金額合計で手数料がかかる「いちにち定額コース」があります。この「いちにち定額コース」で、1日の約定金額合計が10万円までなら、手数料がかからない、つまり、「0円」で株の取引ができるプランが登場したのです。これは現物株ばかりではなく、信用取引でも同じ。約定30万円までの取引でも手数料を大幅値下げしました。投資家デビューの方には、とてもうれしいプランです。

1日に何度も売買を繰り返す投資手法を「デイトレード」といいます（同じ銘柄をその日に決済してポジションを翌日に持ち越さない）。さらに数秒から数分の超短期で株を売買するやり方を「スキャルピング」といいます。これに対して、数日から数週間程度、株をホールドするやり方を「スイングトレード」と言います。

投資スタイルは、人それぞれです。あなたの投資スタイルに最も合ったプランを見つけるようにしましょう。

主要ネット証券の売買手数料比較

【1回ずつの場合】

※データは 2018 年 10 月現在。括弧内は税込み金額。
※マネックス証券の手数料はスマホ用アプリを使用した場合。

<table>
<tr><th>取引金額</th><th>楽天証券
超割コース</th><th>SBI証券
スタンダードプラン</th><th>カブドット
コム証券</th><th>マネックス証券
取引毎手数料コース</th></tr>
<tr><td>5万円まで</td><td>50円（54円）</td><td>50円（54円）</td><td>90円（97円）</td><td>100円（108円）</td></tr>
<tr><td>10万円まで</td><td>90円（97円）</td><td>90円（97円））</td><td>90円（97円）</td><td>100円（108円）</td></tr>
<tr><td>20万円まで</td><td>105円（113円）</td><td>105円（113円）</td><td>180円（194円）</td><td>180円（194円）</td></tr>
<tr><td>50万円まで</td><td>250円（270円）</td><td>250円（270円）</td><td>250円（270円）</td><td>450円（486円）</td></tr>
<tr><td>100万円まで</td><td>487円
（525円）</td><td>487円
（525円）</td><td>990円
（1,069円）</td><td rowspan="4">約定金額の
0.1％</td></tr>
<tr><td>150万円まで</td><td>582円
（628円）</td><td>582円
（628円）</td><td>1,890円
（2,041円）</td></tr>
<tr><td>3,000万円まで</td><td>921円
（994円）</td><td>921円
（994円）</td><td>3,690円
（3,985円）</td></tr>
<tr><td>3,000万円超</td><td>973円
（1,050円）</td><td>973円
（1,050円）</td><td>3,690円
（3,985円）</td></tr>
</table>

【1日定額の場合】

※データは 2018 年 10 月現在。括弧内は税込み金額。

<table>
<tr><th rowspan="2">売買代金</th><th rowspan="2">楽天証券
超割コース</th><th colspan="2">SBI証券</th><th rowspan="2">松井証券</th><th rowspan="2">マネックス証券</th></tr>
<tr><th>現物</th><th>信用</th></tr>
<tr><td>10万円まで</td><td>0円</td><td>0円</td><td>0円</td><td>0円</td><td rowspan="7">約定金額
300万円ごと
2,500円
（2,700円）</td></tr>
<tr><td>20万円まで</td><td>191円
（206円）</td><td>191円
（206円）</td><td rowspan="3">239円
（258円）</td><td rowspan="2">300円
（324円）</td></tr>
<tr><td>30万円まで</td><td>286円
（308円）</td><td>286円
（308円）</td></tr>
<tr><td>50万円まで</td><td>429円
（463円）</td><td>429円
（463円）</td><td>500円
（540円）</td></tr>
<tr><td>100万円まで</td><td>858円
（926円）</td><td>762円
（822円）</td><td>477円
（515円）</td><td>1,000円
（1,080円）</td></tr>
<tr><td>200万円まで</td><td>2,000円
（2,160円）</td><td colspan="2" rowspan="2">以降、100万円
増加毎に400円
（432円）ずつ追加。</td><td>2,000円
（2,160円）</td></tr>
<tr><td>300万円まで</td><td>3,000円
（3,240円）
以降、100万円増え
るごとに1000円
（1,080円）追加。</td><td>100万円増える
ごとに1,000円
（1,080円）加算</td></tr>
</table>

コラム2

世界情勢が悪化するとなぜ日本円が買われる？

２０１８年８月29日　午前6時。

北朝鮮が発射した弾道ミサイルが日本上空を通過し、襟裳岬の東、およそ１１８０キロ沖合の太平洋上に落下しました。その時点で日本円は、対ドルで１０９円20銭から30銭ほど。しかし、菅《すが》官房長官による会見で、「わが国の安全保障上、深刻かつ重大な脅威」とのコメントを受けて、マーケットで円が買われ、わずか1時間で1ドル＝１０８円33銭まで円高が進行しました。

これって、とても変ですよね？

弾道ミサイルの脅威にさらされている日本の通貨がなぜ、買われるのでしょう？　ふつうに考えたら、逆ではないでしょうか？

その理由は、ずばり、日本円は「信用」があるからなのです。

日本は世界最大の「対外純資産国」であり、投資の世界では安全国（セーフ・ヘイブン）とみなされているのです。２００８年９月のリーマンショックでは、リスク回避のため円が買われ、日本円は対ドルで１１０円から87円台まで円高が進みました。２０１６年６月、イギリスの国民投票でＥＵ離脱の票が優勢という報が伝えられた時も、急速な円高が進みました。

投資家は有事をはじめ、世界情勢が悪化すると資産を保全するため、相対的に最も安全な通貨へ替えておこうとする動きをします。ただ、私たち投資家にとっては、世界で何か事件が発生する度に円が買われ、そのおかげで株価が乱高下するわけですから、心穏やかというわけにはいかないですね。

第二章
株を買うまでのワクワク時間

株式取引を始めるまえに…その01

種銭を作る！　スタートは10万円から
1月100万円の第2の給与を目指そう

投資をするために、どうしても必要なものがあります。お金を増やしていくための原資、つまり「種《たね》銭《せん》」です。種銭は、多ければ多いほど投資の幅を広げてくれます。スタートは10万円として積み上げて、1カ月に100万円の利益が出るくらいの資金まで増やすのを目標としましょう。

「株をやるための種銭づくりを始めるぞ！」

そう決心したら、小遣いを少しずつ貯めることや、休日にアルバイトをしたりという作業も楽しくなるのではないでしょうか？　10万円あれば、株式投資を始めることができます。

種銭を作るために親兄弟、親戚、あるいは金融機関から借金などすべきではありません。借金を返すために絶対、利益を出さなければならない、いつまでに返済しなければならないというプレッシャーで冷静な判断ができなくなります。損失がふくらんだら、一気に取り戻そうとしてリスク性の高い信用取引などに手を出してしまいがちになります。

住宅ローンや教育資金など、用途が決まっている資金に手を付けること、学資保険や生命保険などを解約して種銭に充てることも、上記と同じ理由で厳禁です。

「絶対に失敗できない!!」そんな切羽詰まったお金で投資したら、安心して投資はできません。

失って惜しくないお金などありません。だからこそ、仮に損失したとしても日常生活に大きな負の影響を与えない資金、感情のコントロールが可能な資金で投資を始めるべきなのです。

投資は「自己資金」が原則！借金をして始めるのは論外です

株式投資のお金はどうする？

種　銭

・小遣いをためる
・アルバイトなどの副業をする

➡ Good!

借　金

・金融機関から借りる
・サラ金から借りる
・家族、友人から借りる

➡ No Good！

他に用途が決まっているお金

・家や車の購入資金
・子どもの教育資金
・老後の生活資金

➡ No Good！

株式取引を
始めるまえに…
その02

格安の手数料、便利なアプリ
ネット証券の選び方と特定口座の開き方

株取引を始めるにあたって、まず必要なのは、証券会社に自分の口座を作成することです。

ちなみに証券口座を開くには、電話による申し込みでもOK。また、PCでHPから申し込むこともできます。PCやスマホの場合は、サイトの口座開設申し込みのフォームに住所氏名、マイナンバーなど必要事項をインプット。入力完了すれば、後日、証券会社から口座開設のための申込書が送付されてきます。

スマホによる株取引は、各証券会社が提供しているアプリを使用して行います。

ネット上に「スマホアプリ比較ランキング」が公開されていて、それぞれのアプリの「特徴」や「強み」が紹介されています。各社のスマホアプリの機能が一目でわかる一覧表もありますので、要チェック。アプリの画面をパッと見た時、「とても見やすい、使いやすそう」という印象も大切です。

口座への入金は自分の銀行から送金することもできますが、ネットバンキングを利用すれば、銀行と証券会社の口座間の入出金がアプリのアイコンをタップするだけで行うことができて便利です。

また、株取引で年間20万円以上の利益が出た場合、確定申告が必要になります。

確定申告に不慣れな方は口座開設の際、「特定口座」の「源泉徴収あり」を選択しておけば、利益にかかる税金を源泉徴収して、証券会社があなたに代わって税務署へ納付してくれます（166ページ参照）。

証券会社をネットで調べて口座を開設してみよう

① 証券会社をインターネットで比較

POINT

・手数料
・アプリの使い勝手
・IPO（P158参照）の取引実績

■ 1日の約定代金ごとの定額手数料の比較（2018年11月現在）

証券会社	10万円まで	50万円まで	100万円まで
楽天	0円	429（463）円	858（926）円
SBI	0円	429（463）円	762（822）円
マネックス	300万円まで2500（2700）円		
松井	0円	500（540）円	1000（1080）円

② 口座を開設

Step 1
電話、PC、スマホから申し込み
↓
Step 2
証券会社から送付される書類に必要事項を記入して返送
↓
Step 3
口座番号他取引用書類着
↓
Step 4
口座に入金すれば取引スタート可

株式取引を始めるまえに…その03

スマートフォンだけで取引できる
これから始めるならネット証券がいい！

ネット証券各社は、ネットを利用した株取引にとても力を入れていて、スマホの画面をタップするだけで、株の売買が可能なアプリを公開しています。

ネット証券とは、主だったところで、楽天証券（アプリ名「iSPEED」）、松井証券（「株touch」）、岡三オンライン証券（「岡三ネットトレーダーWEB2」）、SBI証券（「HYPER株アプリ」）、カブドットコム証券（「kabu smart」）、GMOクリック証券（「iClick株」「株roid」）、マネックス証券（「マネックストレーダー株式スマートフォン」）、ライブスター証券（「livestar s2」）などです。対面取引とネット取引の両方を手掛けている大手など、これ以外にもネット取引を行っている証券会社は複数、存在します。

最近ではスマホに特化した、1000円から投資を始めることができる「One Tap BUY」というアプリも登場しています。ネット証券にも得意分野があって、「無料セミナー等、サポート体制が充実」「主幹事が多く、IPO《アイピーオー》（新規公開株）に強い」「ポイントが貯まる（楽天証券）」「夜間取引（PTS）ができる」など、それぞれ特徴があります。つまり、自分の投資スタイルにピッタリの会社を選ぶことができます。

ネット証券各社のアプリは、iPhone版、Android版がそれぞれ、別に提供されています。各社、口座を開設するための費用、口座を維持するための費用は、基本的に無料です。

ネット証券会社と大手証券会社の違いとは？

ネット証券

・対面取引、電話取引はない

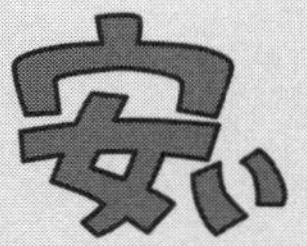

・取引手数料が安い

・IPOの幹事になる確率は低い

※SBI証券は除く

・担当者はつかない

大手証券

・ネット取引より対面販売が主

・取引手数料はネット証券より高い

・IPOの幹事になることが多い

・担当者がつく

株式取引を始めるまえに…その04

スマホにアプリをダウンロード
「i SPEED」を使ってみよう！

ここでは、楽天証券の株取引アプリ、「iSPEED」を実際にインストールする方法をご紹介します。あなたのスマホがiPhoneならば、App storeへ、Androidならば、Googleplayへ行って、「iSPEED」を探して下さい。「iSPEED」をダウンロードし、あなたのスマホへインストールします。

次は口座開設です。楽天証券のHPにアクセスします。証券口座を開設するためには、「オンラインでの口座開設」と「郵便での口座開設」、2つの方法があります。

ここでは、「オンラインでの口座開設」のやり方で進めます。「口座開設」のボタンをクリックして、あなたがすでに楽天会員の場合は、「ユーザID」と「パスワード」でアクセス。

楽天会員でない場合は、フォームにあなたの個人情報をインプットします。NISA口座を申し込む場合は、NISA約款の記載事項をしっかり読んで、内容を把握してから申し込んでください。

「配当金受け取り方法」「口座の種類の選択」「手数料コースの選択」など、あなた自身で決めなければならない項目があります。

なお、証券口座への資金の入金方法も、「楽天銀行の口座からマネーブリッジ入金」「他の銀行からインターネットバンキング」「通常振り込み」を選ぶことができます。

あとは本人確認書類をアップロードすれば、手続き完了。1週間ほどで、IDとパスワードが届きます。さあ、いよいよ、取引開始です！

iSPEEDのインストールから取引開始までの流れ

①楽天証券の Web ページ

楽天証券の web にアクセス。

②口座を開設

A: オンラインでの口座開設

or

B: 郵便での口座開設

「オンライン」か「郵送」のいずれかの口座開設方法を選択。

③ID とパスワード入手

口座開設の手続き完了から1週間程度で ID、パスワードが届く。

④スマホにアプリを DL

「App store」(iPhoneの場合) や「Googleplay」(Android) で「iSPEED」をダウンロードする。

⑤さあ取り引き開始！

インストール後、アプリを立ち上げて ID、パスワードを入力したら手続き完了。口座に入金したら、取引を開始できます。

株式取引を始めるまえに…
その05

株式用語、これだけは知っておきたい
株式指標〈PER・PBR・ROE〉

株式投資を始めるにあたって、少しだけ、用語を覚えてください。株式指標とは、その株式に投資する価値があるか、判断の基準として使われる尺度のことです。代表的な指標として、株価収益率（PER）、株価純資産倍率（PBR）、株主資本利益率（ROE）があります。

まず、株価収益率（PER）とは、株価を1株分の利益で割ったもの。この数値が低いほど、その会社の収益に対して、株価が割安であると判断できます。A社の1株当たりの利益が40円、株価が600円の時、PERは、600÷40で15倍。一般的に20倍より多いと割高、少ないと割安とされています。

次に、株価純資産倍率（PBR）とは、株価を1株当たりの純資産で割ったもの。その会社の株が、その会社が保有する資産の何倍まで買われているのか、を表す指標になります。

1株当たりの純資産が300円で、株価が600円ということなら、600÷300で、PBRは、2倍ということになります。PBRが1倍を下回ると、その株は割安と見ることができます。

そして、自己資本利益率（ROE）とは、純利益を自己資本で割ったものに100を掛けたもの。

ROEは、その会社が効率的に経営されているかを計る指標です。例えば、C社が自己資本3000万円で純利益450万円を挙げている場合、450万円÷3000万円×100で、株主資本利益率（ROE）は15%となります。ROEは10%以上あると比較的優良と判断されます。

知っておきたい株の基礎知識
代表的な「株式指標」

ＰＥＲ・株価収益率

株価を１株分の利益で割ったもの

〈例〉Ａ社
2018年10月　１株利益：40円
株価：600円
600÷40円＝15倍

ＰＥＲ
15倍
- 数字多い：株価割高
- 数字少ない：株価割安

ＰＢＲ・株価純資産倍率

株価を１株当たりの資産で割ったもの

〈例〉Ｂ社
2018年10月
１株あたりの純資産：300円
株価：600円
600÷300円＝2倍

ＰＢＲ
2倍
- 数字多い：株価割高
- 数字少ない：株価割安

ＲＯＥ・自己資本利益率

純利益を自己資本で割ったものに100をかけたもの

〈例〉Ｃ社
2018年10月
自己資本：3000万円
純利益：450万円
純÷資×100＝15%

ＲＯＥ
15%
- 数字多い：効率的な経営
- 数字少ない：非効率な経営

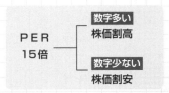

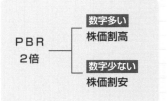

株式取引を始めるまえに…
その06

アプリの検索にハマります①
企業のデータを見てみよう

「iSPEED」をインストールして楽天証券の証券口座を開設し、口座に入金が完了すれば、いよいよ、取引開始です！　もう、買いたい銘柄は決まっていますか？　決まっているのなら、「iSPEED」でその銘柄の詳細な情報を閲覧してみましょう。

まず、「検索」をタップして、買いたい銘柄の名前をインプット。

この時、銘柄コード（個別銘柄に割り当てられている四桁の数字）が分かっているなら、銘柄コードでもOK。「前日終値《ぜんじつおわりね》」「始値《はじめね》」「高値《たかね》」「安値《やすね》」「出来高」「売買代金」など詳細なデータが、チャートや移動平均線とともに表示されました。

「これから、銘柄を探したい」

それなら、それぞれのカテゴリーから一覧を検索することも可能です。例えば、精密機器産業で、東証一部に上場している企業を閲覧したいなら、「銘柄コードor銘柄名」の欄の下にあるメニューをタップして、業種から「精密機器」を選択、次に市場から「東証二部」を選択すれば、条件にヒットする銘柄の一覧が表示されます。

銘柄を検索した後、画面を左右にスワイプすれば、情報を切り替えることができます。

「市況情報」、「銘柄ニュース」、「チャート」、「板情報」、「業績」、「テクニカル指標」、専門家による「業績予測」などが表示されます。

また、「株のバイブル」と呼ばれる、東洋経済新報社発行の「会社四季報」も無料で読むことができますので、活用してください。

iSPEEDで企業データを検索

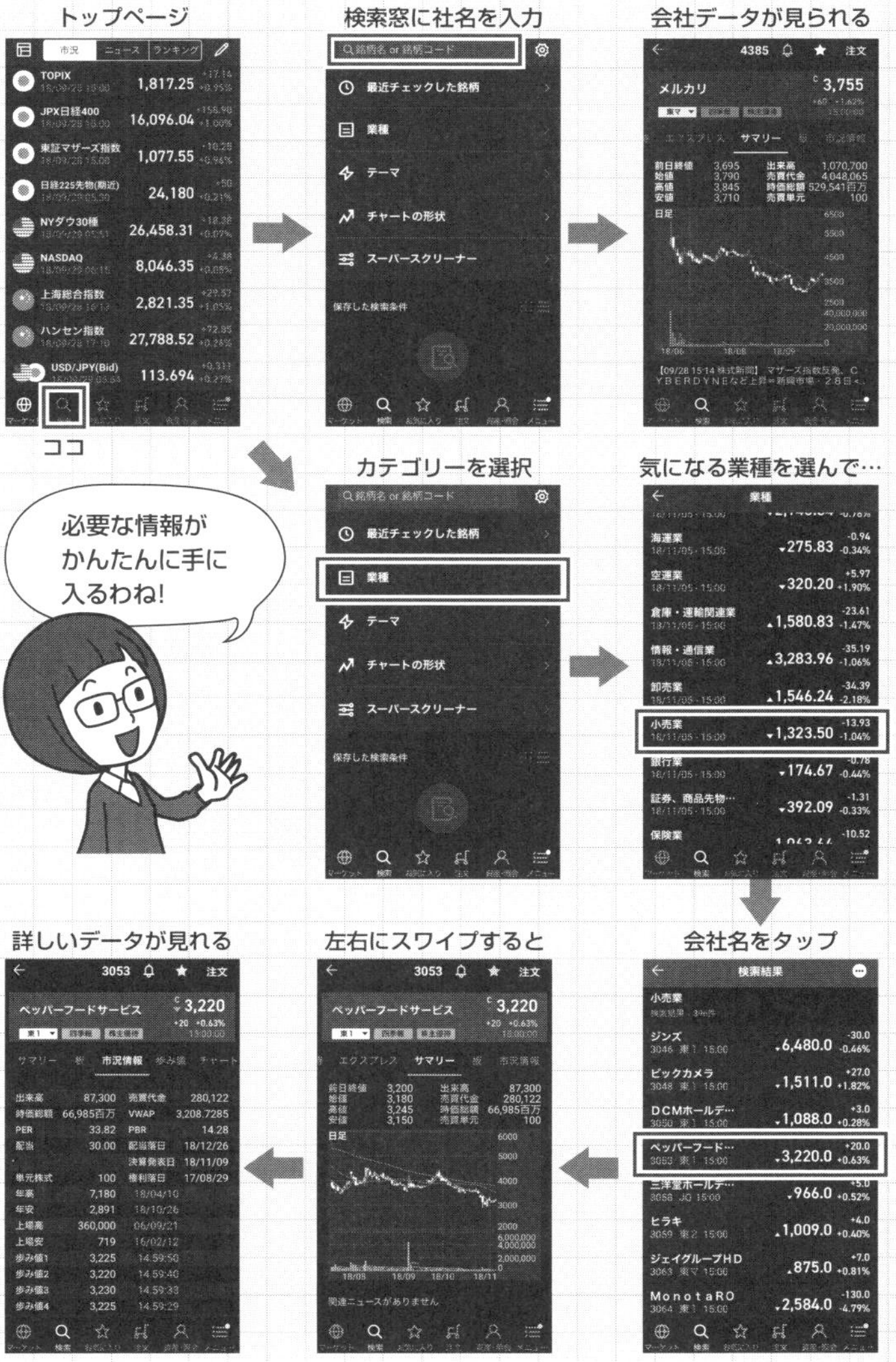

株式取引を始めるまえに…その07

アプリの検索にハマります②
チャートとローソク足

チャートとは、株価の値動きをグラフ化したものです。

現在、この銘柄の株価は高値なのか？　安値なのか？　チャートを用いれば、それをおおまかに知ることができます。チャートは、アプリの設定によって、「単純移動平均線」や「出来高」ばかりでなく、トレンド系、オシレーター系の指標を複数、表示させることができます。しかし、チャートで最も重要なものは、「ローソク足《あし》」です。

左の図をご覧ください。

四角い胴体の部分を「柱《はしら》」、上下に伸びた線を「ヒゲ」と呼びます。柱が「始値」と「終値」、ヒゲが「高値」と「安値」を示しています。一般的に、柱が白いものを「陽線《ようせん》」と言い、株価が上昇した時に出現します。柱が黒いものを「陰線《いんせん》」と言い、こちらは株価が下落した時に出現します。「陽線」と「陰線」の色は、アプリの種類やチャートの表記によって異なります。ちなみに、「ｉＳＰＥＥＤ」では、「陽線」が赤、「陰線」が白で表されます。

「ｉＳＰＥＥＤ」の各銘柄の詳細画面を開くと、日足が表示されます。これをタップすると、５分足・日足・週足・月足の四種類のチャートを表示させることができます。

このようにチャートを見れば、一定期間の各銘柄の株価の値動き、そのトレンドをみることができるのです。このようにチャートを使って過去の株価の値動きを知り、未来の予測をするやり方を「テクニカル分析」と言います。

ローソク足ってどんなもの？

【陽線と陰線】

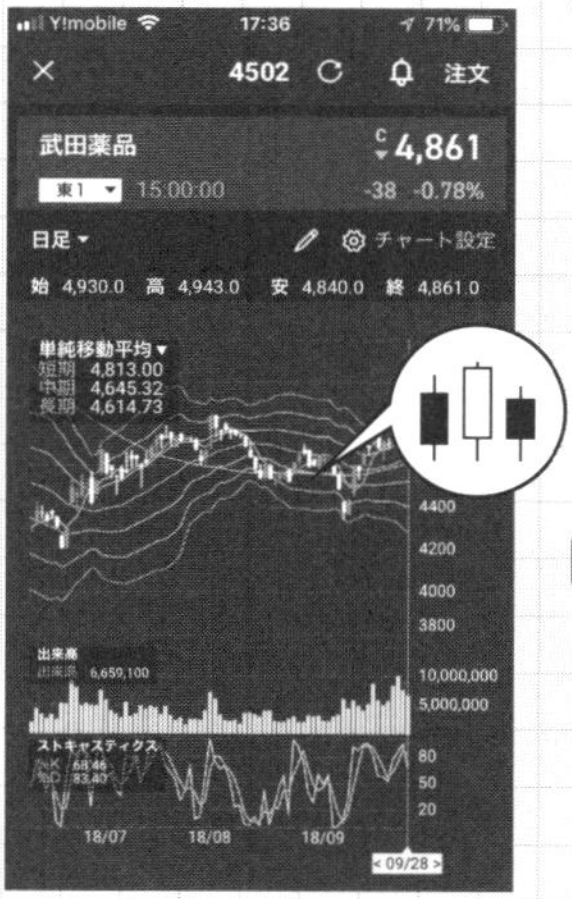

陽線

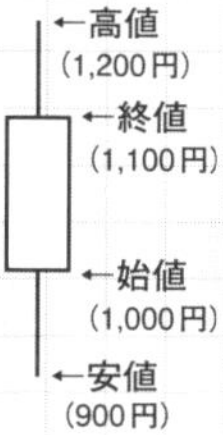

(例)△100円高
株価1000円でスタートした会社が、1200円まで買われた後、900円まで下がったが、最終的に1100円で終わった。始値より100円高くなったので陽線ローソクになる。

陰線

(例)▲50円安
株価1500円でスタートした会社が1600円まで買われた後、1000円まで売られ、1450円まで戻ってその日は終わった。始値より50円安くなったので陰線のローソクになる。

【ローソク足の種類】

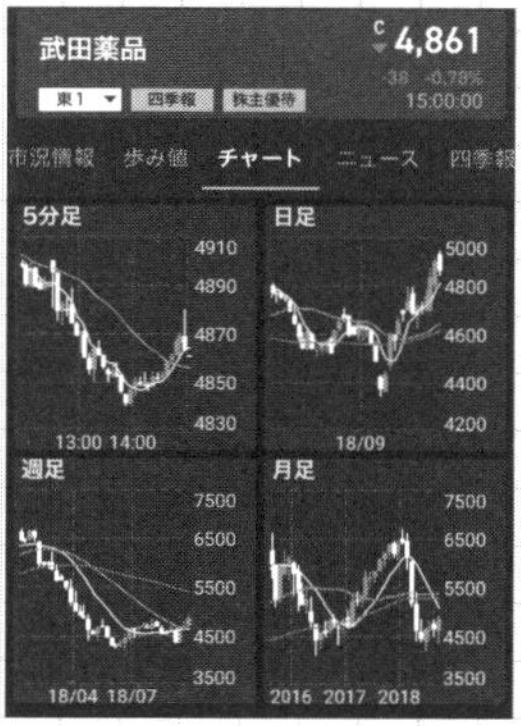

5分足

5分ごとの株価をローソク表示したもの

日足

1日ごとの株価をローソク表示したもの

週足

1週間ごとの株価をローソク表示したもの

月足

1ヵ月間ごとの株価をローソク表示したもの

株式取引を始めるまえに…
その08

アプリの検索にハマります③
スーパースクリーナーをチェック

アプリの「スクリーニング」機能を使えば、様々な指標を組み合わせることによって、より魅力的な銘柄を選び出すことが可能です。2つ以上の厳しい条件をクリアして選び抜かれた銘柄は、それだけ魅力ある投資先であると言えます。我々、個人投資家は、それほど多くの銘柄を追跡することができません。スクリーニング機能で、20種程度の銘柄に絞って、「お気に入り」に登録しておくとよいでしょう。スクリーニング機能はスマホのアプリばかりでなく、各証券会社のサイトにも標準的に装備された機能なので、積極的に使ってみましょう。

まず、「i SPEED」を立ち上げ、メニューアイコンの「検索」をタップ。次に「スーパースクリーナー」をタップ。「コンセンサス・レーティング」とは、多数のアナリストが「強気」「中立」「弱気」という推奨レーティングをつけていて、その平均値をとったものです。大勢のアナリストの意見を参照して、プロがその銘柄をどう評価しているか、把握しておくのはとても重要なことです。

下にスクロールして、「検索条件を追加」をタップ。「財務」「コンセンサス情報」「銘柄属性」「テクニカル」の4項目につき、最大5件の検索条件を追加することができます。

ここにあなたが望む条件、例えば、「PER10倍以下」「PBR1.0倍以下」「配当利回り2%以上」をインプットして検索をかければ、その条件にマッチした銘柄が表示されます。また、表示された銘柄にこの画面から買い注文を出すこともできます。

スーパースクリーナーで検索

①下部の「検索」

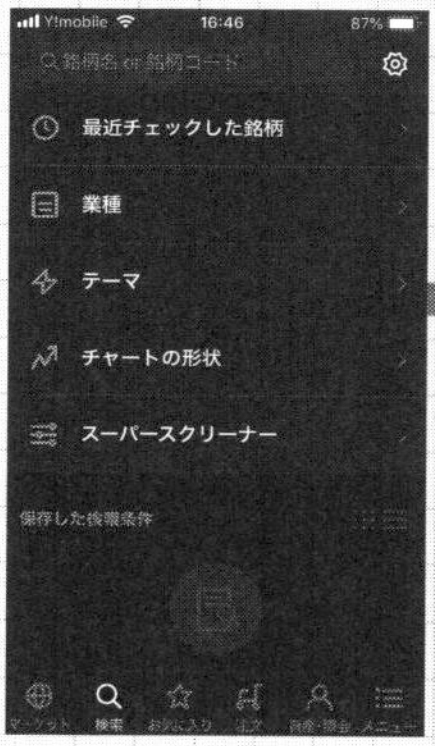

検索画面が出たら「スーパースクリーナー」をタップ。

②「条件指定画面」

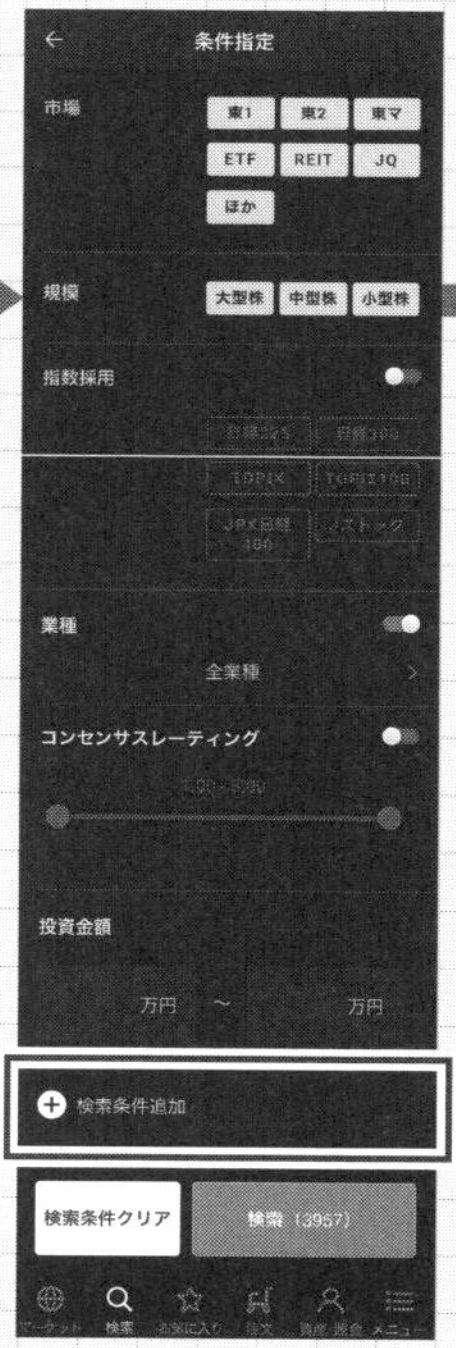

「検索条件追加」をタップ

③「条件追加画面」

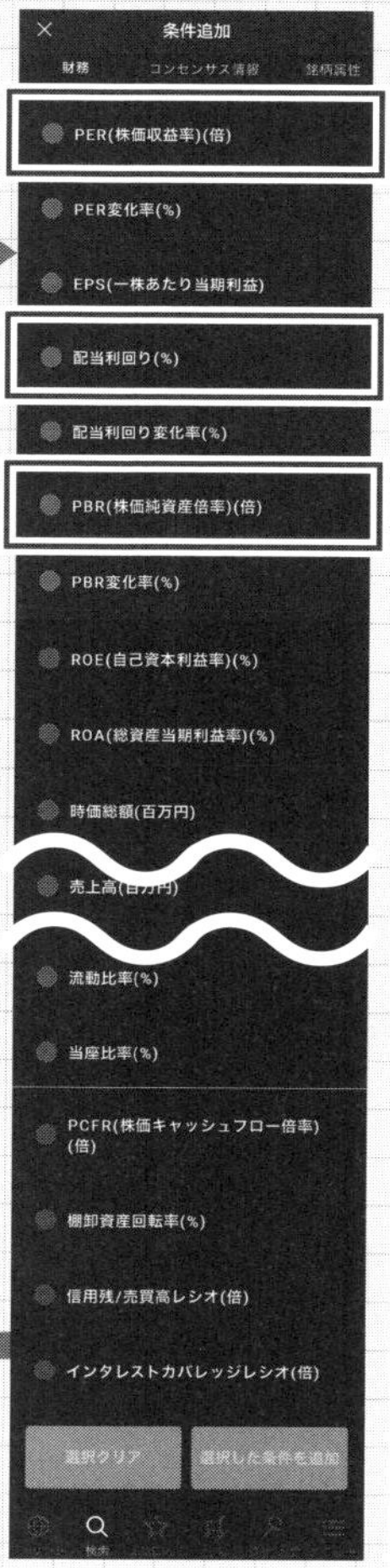

「PBR（株価収益率）」「配当利回り」、「PBR（株価純資産倍率）」をタップ。

④検索結果

1つ1つ銘柄をチェックするのでもいいし、知っている銘柄のみ覗いていくのもOK。10万円で買える株がとても多いのもわかります。

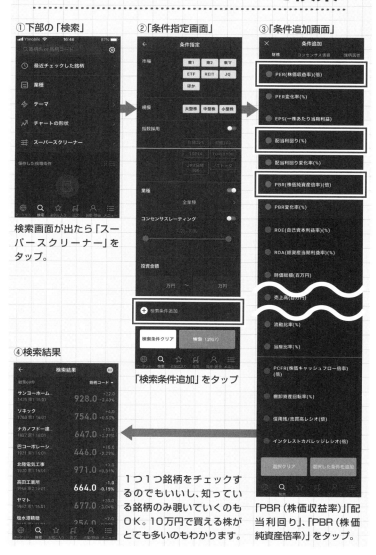

株式取引を始めるまえに…その09

アプリの検索にハマります④
自分の資産状況も確認しよう

株取引アプリをインストールしておくと、スマホ1台で、あなたの証券口座に現在、どのくらいの資金があるか、現時点で保有している株式の時価総額はいくらなのかを簡単に一覧できるので、とても便利です。

楽天証券の「iSPEED」で説明しますと、通常ログイン画面→「資産・口座」→「総合サマリー」をタップ。

「評価額合計」で、あなたの証券口座にある資産合計、つまり、証券口座内の現金と保有している株式の時価総額の合計が表示されます。

ここで、日本の証券市場に上場されている株を購入したとします。

「総合サマリー」の「日本株」をタップすると、あなたが保有している日本株の資産の詳細が表示されます。日本株を買えば、日本株の資産額が、購入前より買った分だけ増加します。

次に「閉じる」をタップして、「預り金」をタップ。預り金、つまり証券口座にある現金が、日本株を購入した分だけ減少することになります。

また、どの株式をどれだけ購入しているか、その状況を確認するには、「資産・照会」の「注文照会」をタップ。売買が成立している注文には「約定《やくじょう》」、まだ成立していない注文には「執行中」、成立しなかった注文には、「出来無」が表示されます。

このように「資産・照会」では、口座内の現金、株式の資産額、注文の履歴や、注文が成立したかどうかまで、簡単に閲覧することができます。

「資産・照会」で資産状況を確認

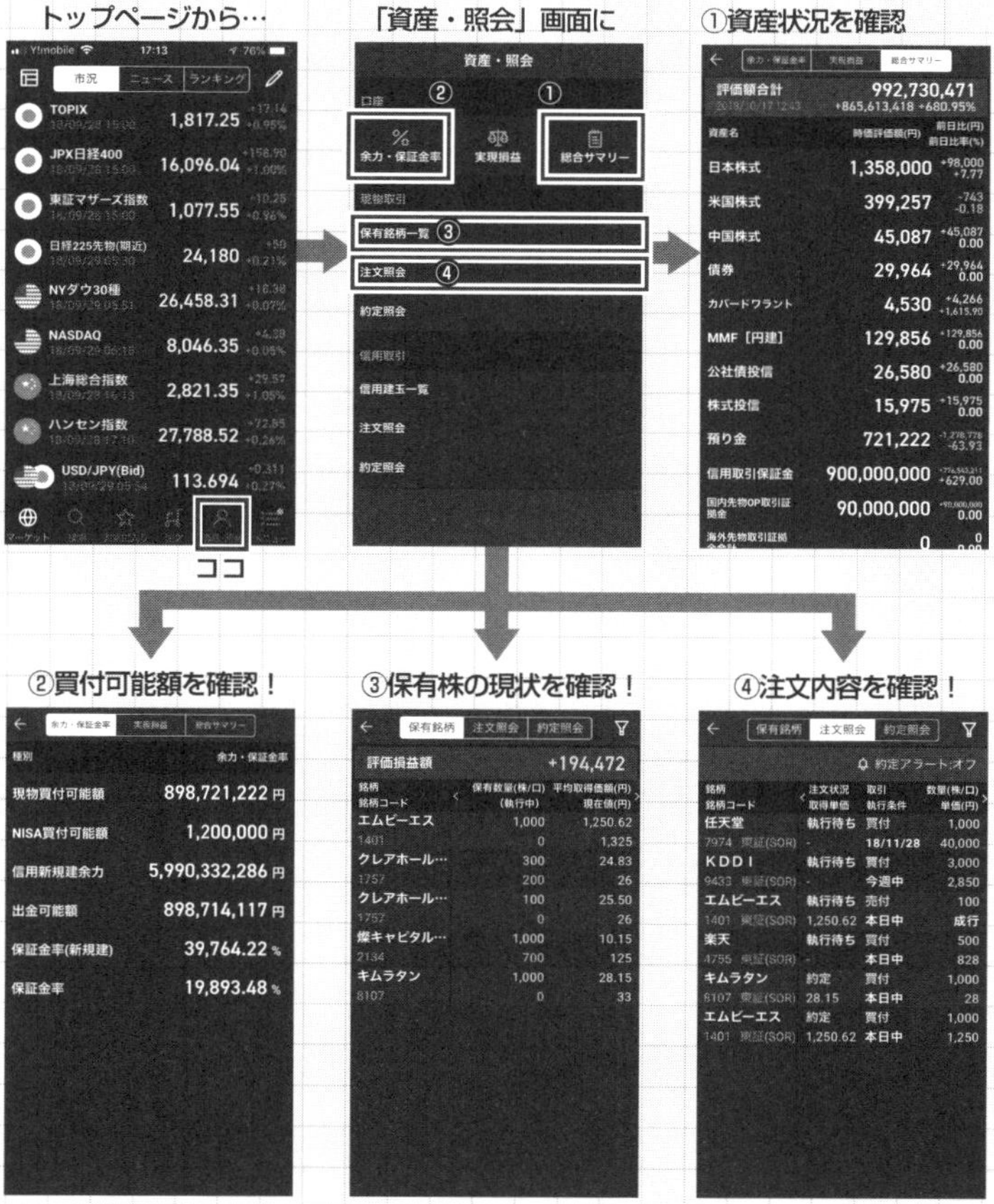

自分の資産や保有株、注文内容を確認するのも重要な作業。しっかりチェックしましょう！

株式取引を始めるまえに…その10

サラリーマン投資家の強い味方！

「株アラート機能」はとっても便利

平日の昼間、会社で熱心に働いているあなた。そんなあなたの知らないうちに大事件が発生したなら？　株価も為替も、あなたの知らぬ間に大混乱です。

こういうことを防ぐために活用できるのが、「アラート機能」です。ログイン画面の「メニュー」から「株アラート」の「設定」→「＋銘柄を追加する」→あなたが「お気に入り」に登録している株なら、「お気に入り」→あなたが保有している株なら、「保有株一覧」をタップ。すべての株式から「検索」でお目当ての株を探し出すこともできます。それぞれのページの一覧から、アラートを設定する銘柄を選んでタップします。「アラート設定画面」が開いたら、増減率を入力します。

つまり、「ここまで株価が上がったら通知」「ここまで株価が下がったら通知」の設定をします。「この銘柄のニュースを通知」をＯＮにしておけば、ニュース配信の際、通知が届きます。

「アラート設定」のページで、「＋市況を追加」をタップすれば、個別銘柄ではなく、市況そのものの増減率を設定することも可能です。例えば「日経225が2万3000円を超えたら通知」という設定を登録しておけば、その価格に達した時、通知を受け取ることができます。

また、アラートとは別に売買契約が成立したことをスマホのアドレスにメールしてくれる約定通知メールを設定することもできるので、日中仕事をしている会社員の方にはとても便利な機能です。

日中は仕事をしていても安心
便利な「株アラート機能」

コラム３

株式市場はグローバルに連動している

まさに経済はグローバリズムの時代。日本経済もまた、世界経済と大きくリンクしています。

取り分け、日本株にとって強い影響力を持っているのが、アメリカのニューヨーク市場（ＮＹダウ）です。時差の関係で日本の証券市場が閉まっている夜間に、ニューヨーク市場は開いています。従って、ＮＹダウの動向が東京市場の寄りつきに大きな影響を与えるのです。ＮＹダウが下落すれば、日経平均株価もツレ安で下落する、そういう傾向にあります。これは、ニューヨーク市場で損失を出した投資家が、日本株を売ってその穴埋めをすることが多いからだと言われています。

また、世界の政治事情も株式市場に大きな影響を与えます。２０１６年11月９日、アメリカの新大統領にドナルド・トランプ氏が選出されたとき、「トランプショック」で一時的にＮＹダウも日経平均も大きく下落。しかし、その後、トランプ氏の規制緩和と大規模なインフラ投資への期待から、一気に「トランプ相場」がスタート。世界の株式市場で株価が上昇しました。

「ｉ-ＳＰＥＥＤ」では、ログイン画面から「ＮＹダウ30種」をタップ。ダウ平均株価のチャートや出来高を閲覧することができます。「MarketToday」では、「楽天証券マーケットニュース」の動画を見ることができます。「ニュースヘッドライン」で読みたい記事をタップしましょう。

ほかにも、「日経テレコン」「米国株式市場サマリー」「今日の株式見通し」「東京マーケットアイ」などの記事を読むこともできます。

第三章
何を買えばいいのかを しっかり教えます

銘柄選びのヒントとコツ その01

狙い目は10万円以下で買える株
どんな会社の株を買ったらいい？

これから株を始めたいと考えている初心者の皆さんにとって、最も頭を悩ませるのが、「どんな銘柄を買ったらいいのか」ではないかと思います。個別銘柄ならば10万円以下で買える株への小口投資から始めてみてはどうでしょう。

「優良株を買うには、最低でも１００万円以上ないとダメなのでは？」

そんな高い株ではなく、10万円以下で買える銘柄には、様々なメリットがあるのです。

その一、「ネット証券各社が、約定金額の低い取引手数料を優先的に引き下げている」

その二、「同じ資金で多数の株を購入できる」

その三、「数多くの銘柄を分散して購入することができる」

ネット証券各社によって、手数料は無料から１００円で売買できます。同じ投資資金で株を大きく、広く買うことができます。また銘柄分散でリスクを分散することも可能です。

楽天証券の「ｉＳＰＥＥＤ」などのスクリーニング機能を使えば、一瞬で「10万円以下で買える株」を絞り込んで表示させることができます。64ページで紹介したスーパースクリーナーの実際の使い方は、次項で説明します。次にその銘柄のチャートをチェックしましょう。62ページでふれたチャートの具体的な見方については、第3章で逐次、説明していきたいと思います。

「これはいい」と感じた銘柄はアプリに登録しておきましょう。

少額からでも投資に参加できる 10万円以下の株も狙い目

10万円以下の株を購入するメリット

選択肢が
多い
10万円以下で
買える銘柄は
1505社

手数料が
無料
10万円以下の
売買手数料無料の
証券会社もある

リスクの
分散
たくさんの
銘柄を購入できる

※データは2018年11月7日時点

10万円以下の株を購入するデメリットと注意点

日経平均と
連動しないことも
大型株とは違う
動きをすること
があります

ボロ株に
注意
ボロ株と呼ばれる
業績不安な株もある
ので選択注意

【結論】

■ 少ない投資金額で投資家になれる
■ 売買手数料が無料なので数百円でも利益を即出せる
■ ずっと株価を見ていられないサラリーマン、ＯＬ投資家にはたくさんの銘柄を持つ銘柄分散は所有する上での「保険」になる

銘柄選びのヒントとコツ その02

「スーパースクリーナー」で簡単検索
10万円以下の優良銘柄の探し方

楽天証券の「iSPEED」の「スーパースクリーナー」を使って、3600社ほどある全銘柄から、10万円以下で買えて、なおかつ、高配当が見込める、魅力的な銘柄を探し出してみましょう。

「iSPEED」を立ち上げ、メニューアイコンの「検索」→「スーパースクリーナー」→「東証一部」「東証二部」「東証マザーズ」「JASDAQ」「名証」に上場する銘柄について、投資金額が「10万円以下」の条件を指定して、検索をかけます。

すると、1040銘柄がヒットしました。この1040銘柄が2018年3月28日時点で、10万円以下で購入できる株式のリストになります。さらにそこから、予想配当利回りが2・5%以上の銘柄を指定して再検索してみましょう。銘柄数は、51銘柄まで減少。

スクリーニング機能によって、10万円以下で買えて、しかも、高い配当金を見込める銘柄が、絞り込まれました。仮に「時価総額1000億円以上」という条件を加えて、再検索してみましょう。すると、さらに28銘柄にまで絞り込むことができました。スクリーニングする条件は、「PER（株価収益率）」や「PER変化率」「EPS（1株当たりの当期利益）」を使用することもできます。

条件を厳しくすれば、当然、銘柄はさらに絞り込まれ、より条件のいい銘柄が表示されることになります。ここからさらに、あなた自身の判断を加えて、あなたにとって最も魅力的な銘柄を選んで購入を決めてください。

10万円以下の株はこう探す！

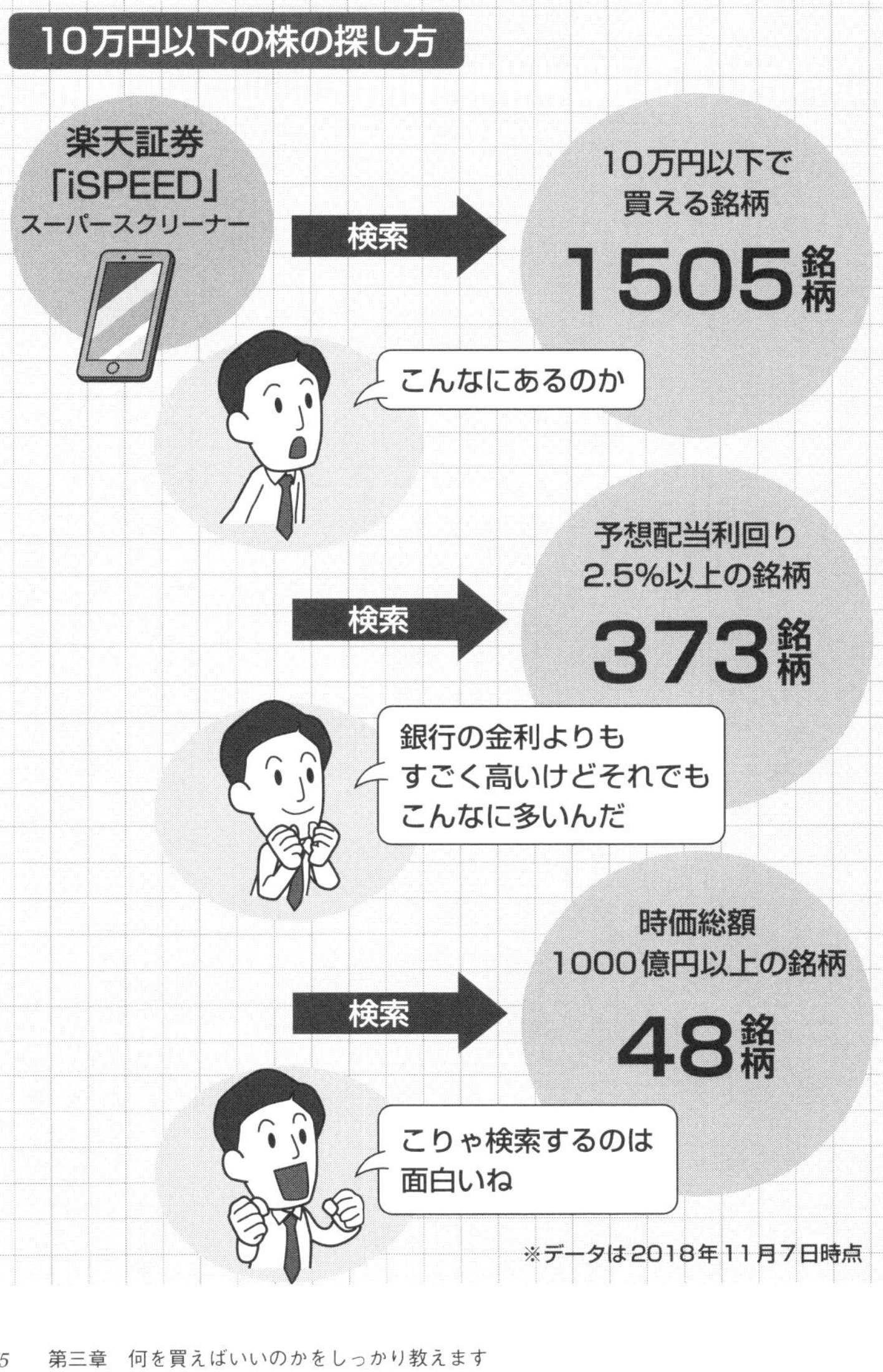

銘柄選びのヒントとコツ その03

株価を予測する2つの分析法
「ファンダメンタル分析」と「テクニカル分析」

株価を左右する最大の要素は、その会社の業績です。現在の業績が好調、または将来の好業績予想から、現在の株価とその会社の潜在的価値の間に開きがあると判断されると、株が買われ、株価が上昇していくことになります。

その開きを埋めるところまで、つまりその会社の本当の価値の水準まで株価は上昇するはずだという考え方に基づいて、現時点の株価を判断するのが、「ファンダメンタル分析」です。

その際に使用される指標が、前述のPERやPBR、ROEです。PERで、「利益に対して株価が割安か、割高か」、PBRで「資産に対して株価が割安か、割高か」、ROEで「自己資本に比して、効率的な経営が行われているか」を判断します。

これに対して、チャートの動きと形状の変化を観察して、「この会社の株価は次はこう動く」と売買のタイミングを計るのが、「テクニカル分析」です。つまり、チャートに表示された過去の株の値動きなどから、未来の株価を予測するという方法。

82ページから詳しく説明する「ローソク足」の変化や94ページから説明する「移動平均線」などで、「ここで買うべき」「ここで売るべき」を示すサインを見極めて、売買のタイミングを決定するというやり方です。

本書では短期売買を主軸として解説していきますので、主としてテクニカル分析の手法を用い、ファンダメンタル分析は銘柄選択で迷ったときに使用するというスタンスです。

「ファンダメンタル分析」と「テクニカル分析」の違いとは？

ファンダメンタル分析

会社の業績や資産と株価で分析する方法

■ 参考にする指標

ＰＥＲ（株価収益率）
ＰＢＲ（株価純資産倍率）
ＲＯＥ（株主資本利益率）
など

やっぱり株価は会社がいかにこれから利益を上げるかだよ

テクニカル分析

これまでのチャートやデータから、これからの株価を予測する方法

■ 参考にする指標

ローソク足
移動平均線
ボリンジャーバンド
ストキャスティクス
など

株価は瞬間が勝負。瞬時のデータから即予想しないとね

銘柄選びのヒントとコツ その04

多すぎる指標の確認は混乱のもと
チェックする指標はなるべく少なくする

株取引で利益を出すためには、テクニカル分析なら、様々なものを参照する必要があります。

チャートに出現する現象や銘柄の価値を計る指標として、MACD、RSI、信用倍率、一目均衡表《いちもくきんこうひょう》、フィボナッチ、RCI、モメンタムなど、いろいろな種類があります。

また、補足としてPER、PBR、ROEも見てみます。

しかし、日中、忙しく働く人にとって、そのすべてをチェックすることなど至難の業。投資家もすべての指標の意味と使い方を理解しているわけではないのです。

投資家によっては、「私は、チャートのローソク足・移動平均線・ボリンジャーバンド・ストキャスティクスしか見ない。ほかに参考にするのは、CME（シカゴ商品取引所）の日経平均先物だけ」という人もいます。

中には指標を複数、それも5つも6つも見ているという投資家もいます。

これもその人の投資スタイルによるとしか言えません。魅力ある銘柄を選別するための「ファンダメンタル分析」も、長期で投資する投資家たちには有用であっても、超短期売買を繰り返す投資家たちにとっては参考程度のものでしかありません。

どれだけ優秀な指標であっても、使いこなせなければ混乱のもととなるだけです。チェックする指標は自分の投資スタイルに合ったものを少数精鋭で使えるように慣れていきましょう。

すべてチェックするのは大変!!

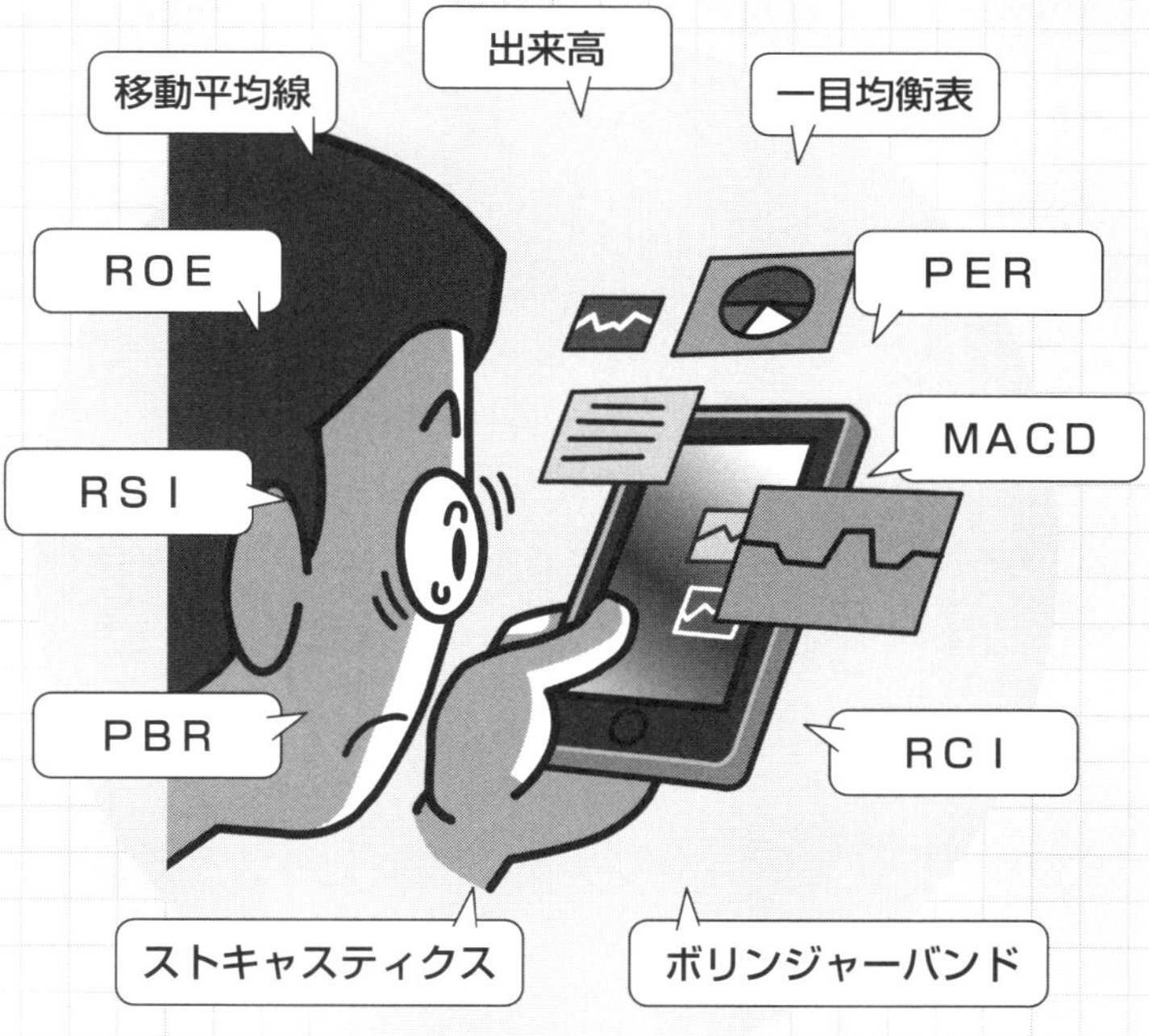

著者が電車の中で見ているものは…

- 日足チャート
- ボリンジャーバンド
- ストキャスティクス
- 板

日足、ボリンジャーバンド、ストキャスティクスはひとつの画面でチェックできます。

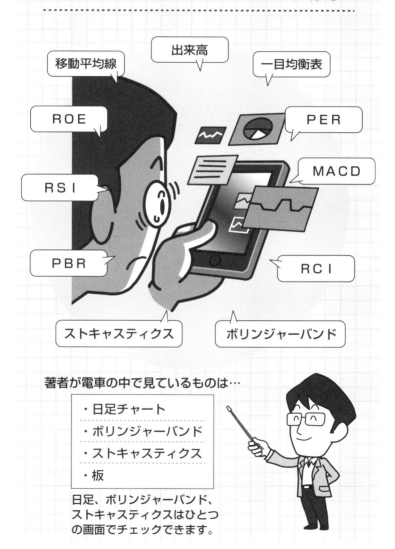

銘柄選びのヒントとコツ その05

未来の株価を予測するヒントがいっぱい「チャート」って面白い！

株を現物で取引するとき、基本は「安く買って、高く売る」ということです。朝刊の株式欄をチェックするとその会社の株の前日終値が載っています。しかし、それだけ見ても、それは単なる数字にすぎません。

「この株、1500円って書いてあるけど、そもそも1500円って高いの？　安いの？」

お困りのあなたにお勧めしたいのが、その銘柄の過去の値動きをグラフにして、現在の株価がどの水準にあるのかを表すチャートです。

チャートは基本的に「ローソク足」「出来高」「移動平均線」という3つのパートからなっています。

「ローソク足」には、主に1日の値動きを示す「日足《ひあし》」、1週間の値動きを示す「週足《しゅうあし》」、1カ月の値動きを示す「月足《つきあし》」があります。

「スマホで株取引」ならば、最優先でチェックするのは「日足」です。「日足」で迷ったときは、より長いスパンである「週足」も参考にします。

グラフの下方にある棒グラフは、売買の数量を示す「出来高」を表しています。

その銘柄に人気が集まり、売り買いが多くなると、棒グラフの山が高くなります。売買が低調になると、棒グラフは低くなります。

「移動平均線」とは、一定期間の株価の平均値をグラフにしたもので、グラフのデコボコを均して、その銘柄の大まかな値動きを表したもの。線が上向きならば、その銘柄は「上昇トレンド」、下向きならば、「下降トレンド」であると判断できます。

過去の値動きが一目でわかる「チャート」の見方のキホン

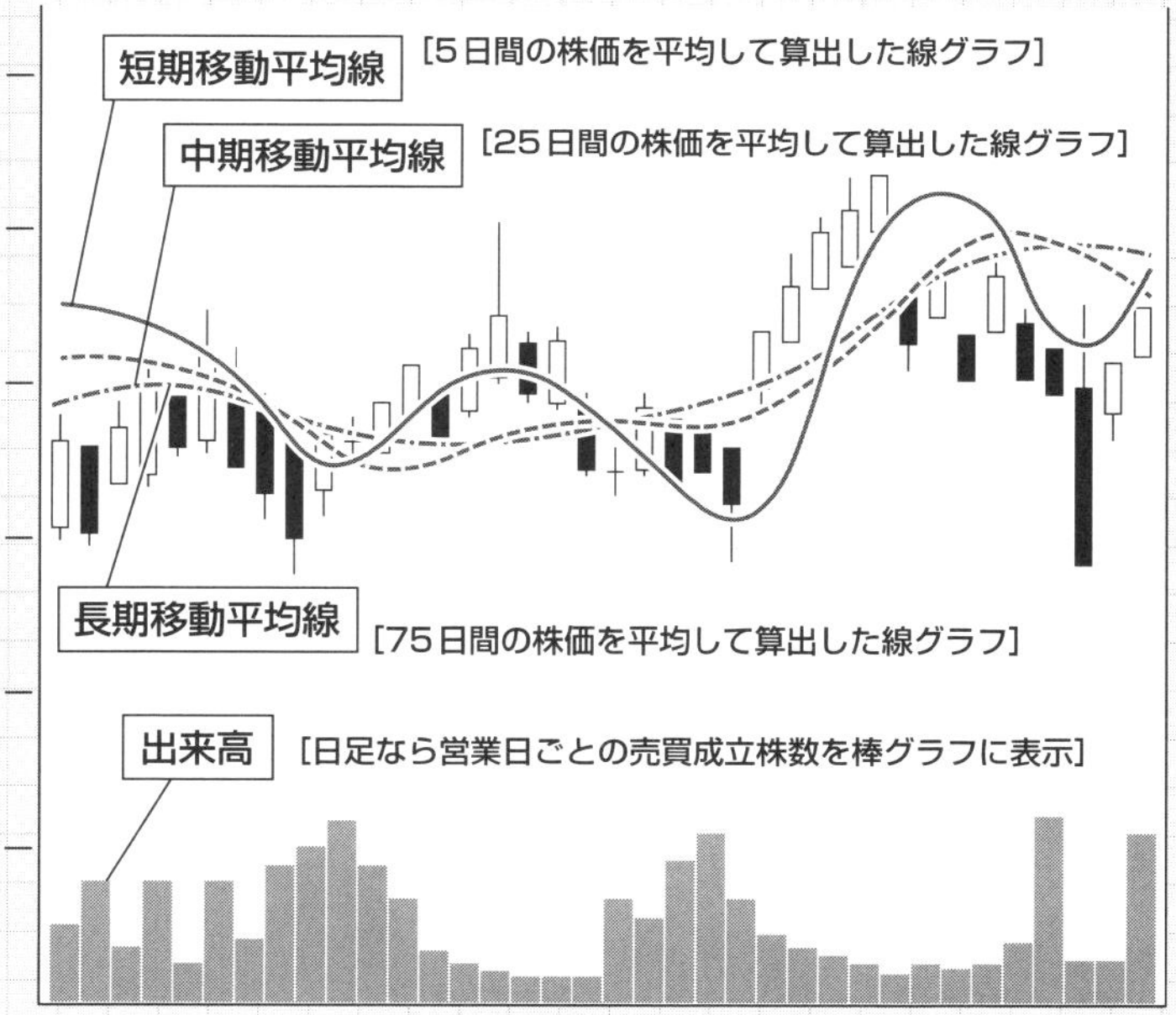

※短期、中期、長期とも算出期間にはさまざまなパターンがあります。

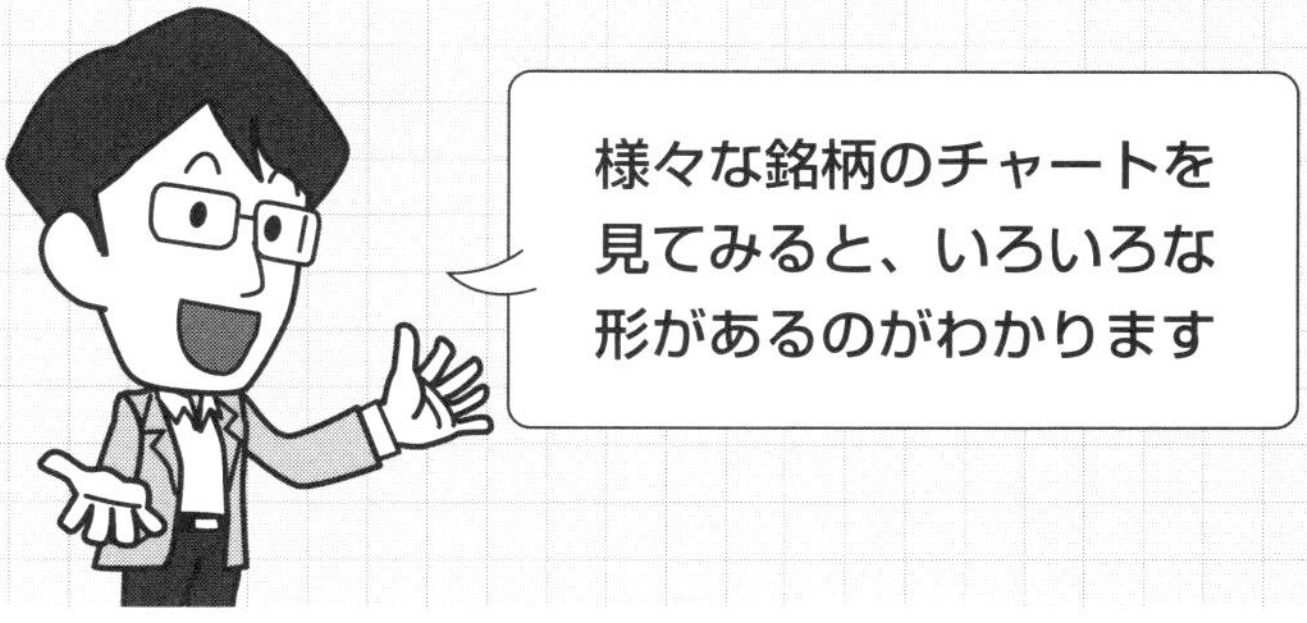

銘柄選びのヒントとコツ その06

ローソク足の基礎知識①

「ローソク足」の種類と見方

ローソク足では、「日足」「週足」「月足」など、一定期間の最初の売買で付けた株価を「始値」、一番高い株価を「高値」、一番安い株価を「安値」、最後の売買で付けた株価を「終値」と言います。

この4つの値段のことを「四本値」と言いますが、ローソク足はこの「四本値」を簡単な図形で見て取ることができます。

通常、始値より終値が高くなっている時は、柱が「白」（これを「陽線」と言います）。安くなっている時は「黒」（こちらは「陰線」と言います）で表現されます。

ローソク足からは、その時点における株価の推移、相場の勢いを知ることができ、ヒゲの長短から「買いシグナル」「売りシグナル」を判断することもできます。例えば、終値200円高の銘柄があったとして、その株価が前場、マイナスからスタートして、後場で大きく値を切り上げていったのか。あるいは、前場、300円超の大幅な値上がりが、後場で失速して結局、200円高で落ち着いたのか、ローソク足を見れば、一目でその流れをつかむことができるわけです。

では、「始値」と「終値」が同じだった場合、ローソク足の柱の部分がぺちゃんこ、つまり、長短が存在しないことになりますね。この柱のないローソク足を「十字線」と言います。これは、株価があまり動かない、つまり、売買のパワーが均衡していて、ほとんど大きな値動きがない「持ち合い」の状態であることを示しています。

株価の動きが一目でわかる「ローソク足」の種類

陽　線

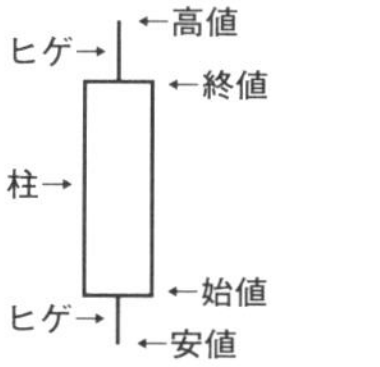

前日値より高く終わったとき出る。

陰　線

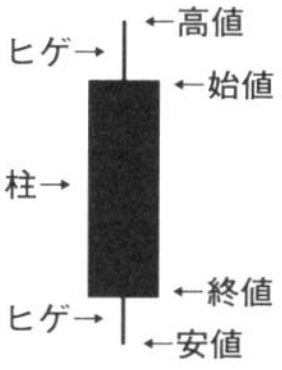

前日値より安く終わったとき出る。

上ヒゲ

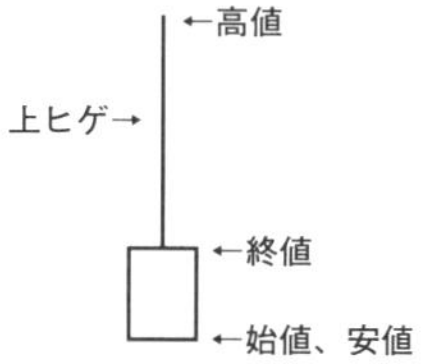

上昇すると思う人が少ないときに出る。

下ヒゲ

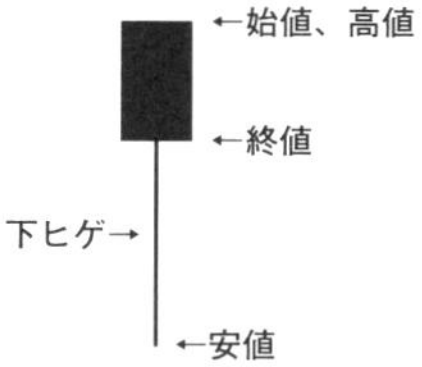

下降すると思う人が少ないとき出る。

十字線　トウバ　コマ

上がるのか下がるのか決めかねているときに出る。

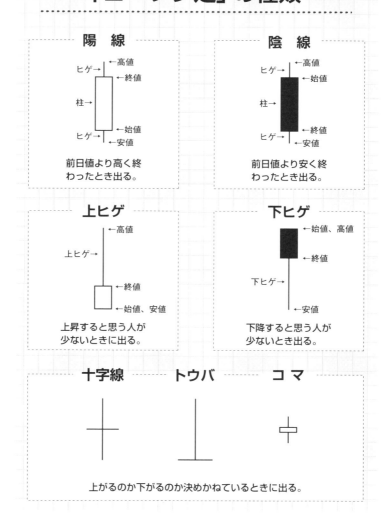

銘柄選びのヒントとコツ その07

ローソク足の基礎知識②

「ローソク足」の長さやトレンド

ローソク足にはいろいろな種類があります。設定した期間によるもの、つまり、「分足」「時間足」「日足」「週足」「月足」です。デイトレでは、「5分足」「10分足」といった「日中足」が使われます。そして、そのすべてのローソク足に、「四本値」が表示されます。

「陽線」と「陰線」は、柱の長さによって、さらに「大陽線」「大陰線」「小陽線」「小陰線」に分けられます。この4つの分け方に、明確な基準が存在するわけではありませんが、柱が長ければ、それだけ売りと買いのパワーが強力で、短ければ、売買のパワーも弱いということです。

一般に「陽線」が続くと、その相場は強く、この先も値上がりが見込めるというサイン、「陰線」が続くと相場が弱く、この先、値下がりしそうだというサインになります。

ローソク足の高値同士、また、安値同士を結んだ線を「トレンドライン」と言います。このトレンドラインが右肩上がりの形を示していれば、その株価は「上昇トレンド」、右肩下がりの形になっていれば、その株価は「下降トレンド」にあると判断できます。

上昇トレンドの下側のラインを、特に「下値支持線」といいます。また、下降トレンドの上の線を「上値抵抗線」と言います。このトレンドラインを見極めることができれば、底値で買って、天井で売ることも可能になります。現物株の取引では、この右肩上がりのトレンドラインを示す銘柄を買っていくことが最も基本的な戦略になります。

押さえておきたい「ローソク足」の長さやトレンド

【ローソク足の長さ】

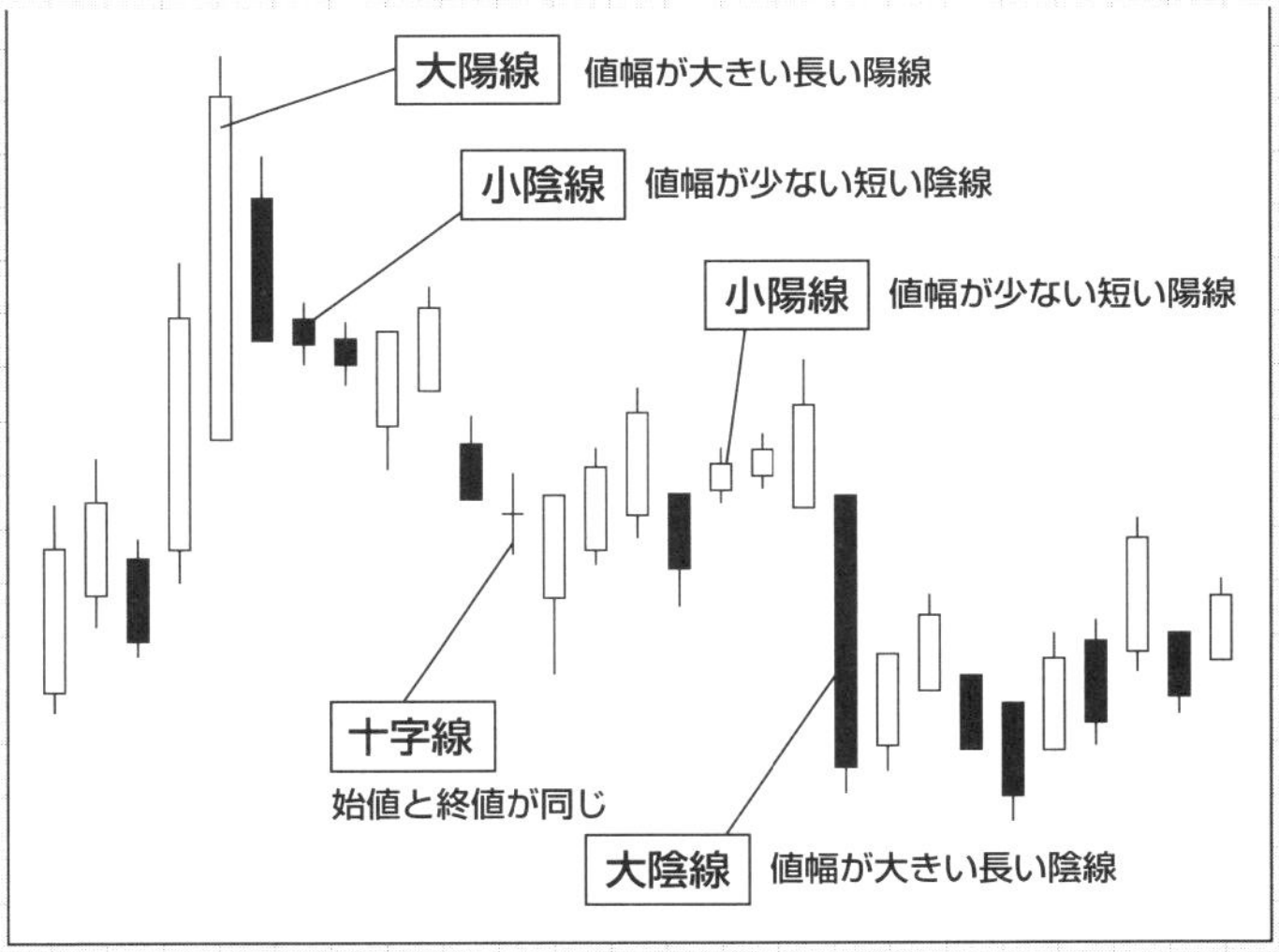

【ローソク足のトレンド】

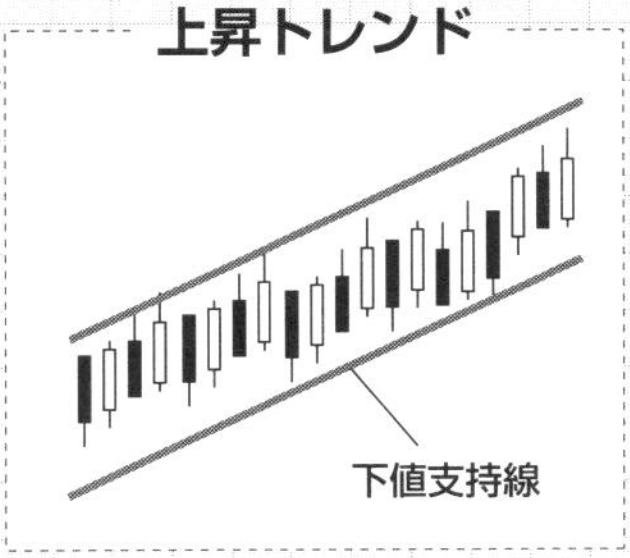

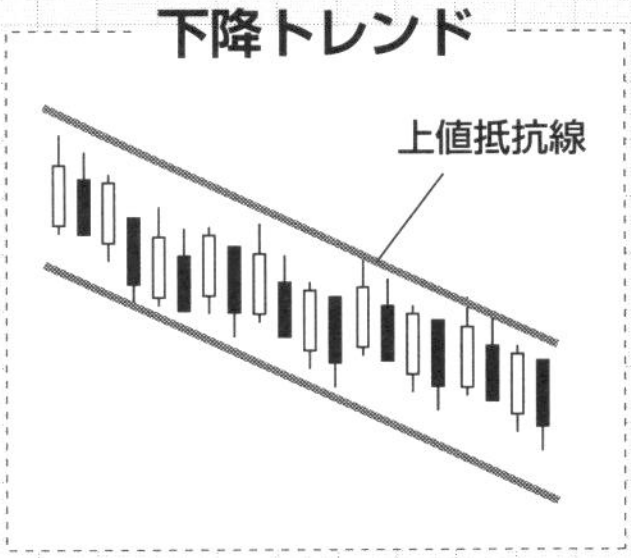

銘柄選びのヒントとコツ その08

ローソク足の基礎知識③
売買の強いシグナル「包み線」

左ページの「日足」の図形をよく見てください。前日の「陰線」に対して、それを完全に包み込むような形になっています。

これは前日まで「売り」のエネルギーが強かった銘柄が、ここで一気に「買い」のエネルギーが支配的になったことを意味しています。投資家たちの「弱気」の心理がここへ来て一気に反転して、「強気」へ転換したことを表しているのです。当然、この場面は強い「買いシグナル」です。特にこの銘柄が底値圏にある場合、上昇トレンドへの転換点になることが多いです。

このように、前日の「陰線」を完全に包み込むような形で「陽線」が出現するパターンを「包み線」と言います。

あべこべに、前日の「陽線」を「陰線」が包み込む形の「包み線」では、前日までの「買い」のエネルギーを強い「売り」のエネルギーが飲み込んでいるわけですから、特に高値圏でこの「包み線」が出ると、強い「売りシグナル」になることが多いです。

「包み線」とは反対に、前日の「大陰線」に続いて、「小陽線」が出現するパターンを「はらみ線」と言います。これは、「売り」から「買い」へ相場は反転したけれど、そのエネルギーが弱く、前日の値動きを超えることができないため、トレンドは反転したかもしれないが、その勢いが弱く、大幅な株価の上昇が見込めるかは予測できない形です。

「大陽線」から「小陰線」の場合は、その逆の現象を意味します。

チャートに表れる売買のサイン「包み線」と「はらみ線」

【売りと買いのシグナル】

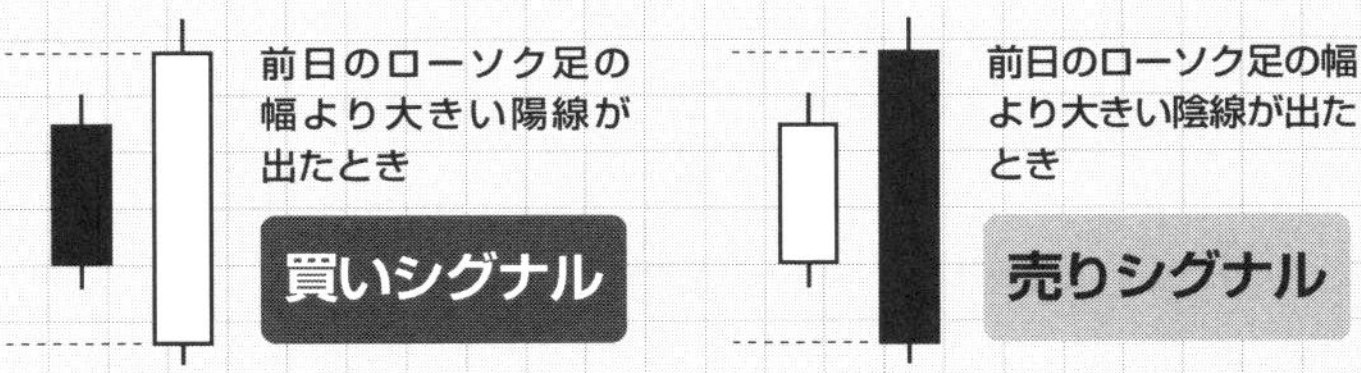

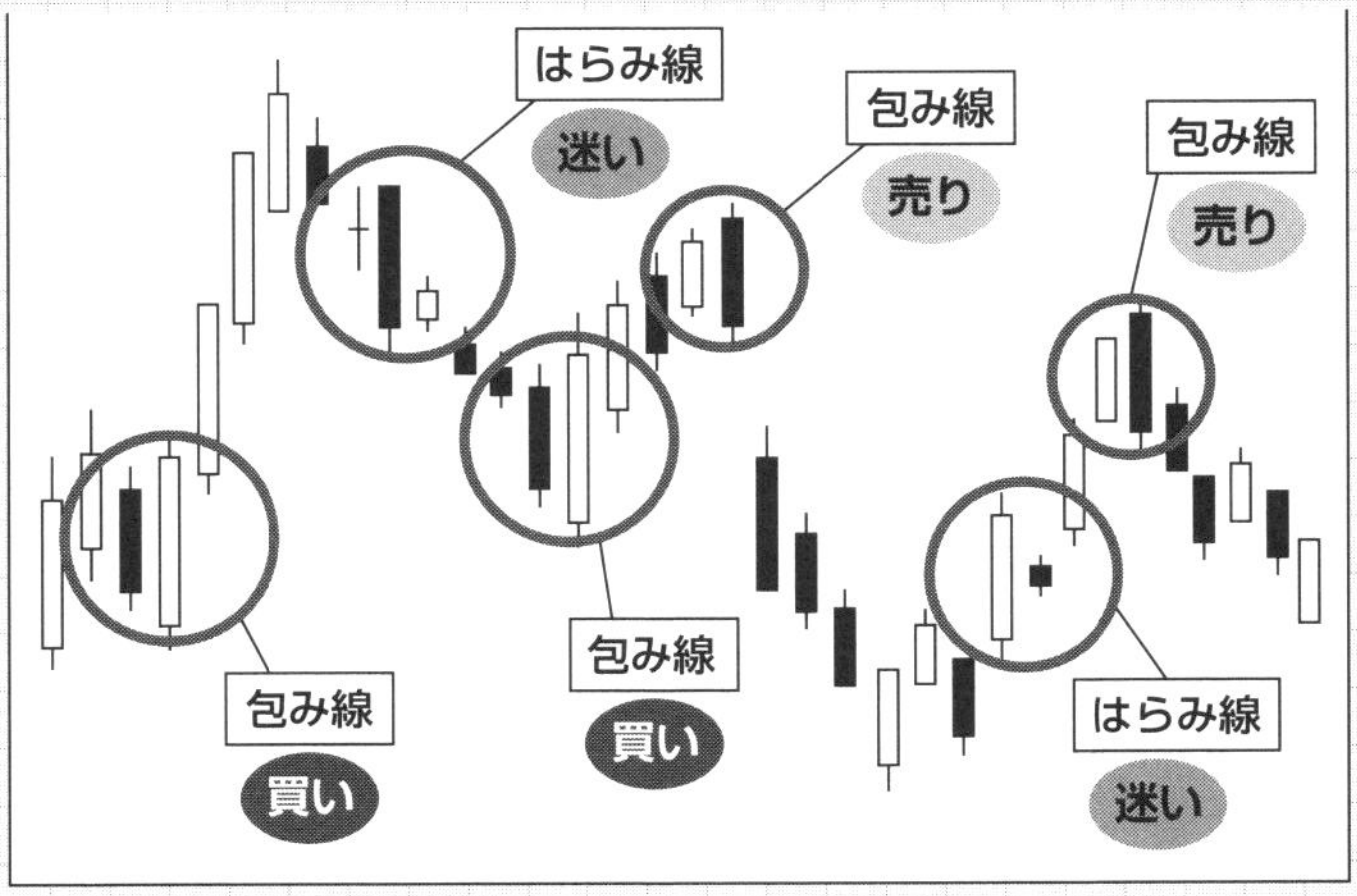

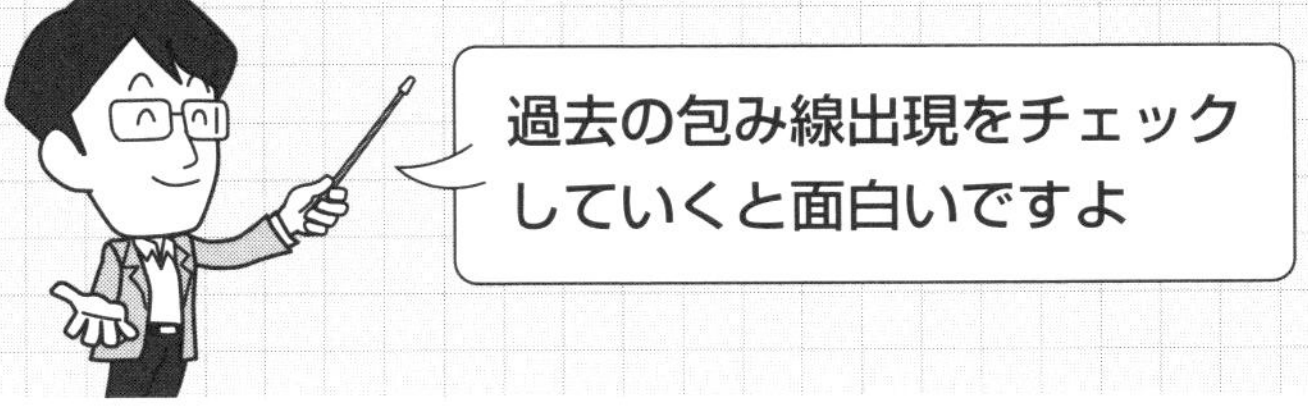

銘柄選びのヒントとコツ その09

ローソク足の基礎知識④

トレンドの転換を知らせる「ヒゲ」と「マド」

「ヒゲ」とは、ローソク足の上下に伸びる線のことです。柱の上に伸びる線を「上ヒゲ」、下に伸びる線を「下ヒゲ」と言います。

「上ヒゲ」「下ヒゲ」は、「高値」と「安値」を示しています。この「上ヒゲ」と「下ヒゲ」の長さの違いによって、相場の変動幅を知ることができるようになっています。

例えば、ある銘柄が急騰した場合、ローソク足の柱は、とても長い「大陽線」になります。特に相場が強いときは、ずっと「大陽線」が続いて、ヒゲは下ヒゲだけが伸びていきます。しかし、徐々に柱の部分が短くなり、上ヒゲが出現し始めるとその銘柄は上昇のエネルギーを失って、トレンド転換で下降局面に移行する可能性が高くなるのです。このように「ヒゲ」は柱と合わせて、未来の株価を予測する、大切な役目を果たします。一般的に「ヒゲが伸びている方向にトレンドは動かない」と覚えておくといいでしょう。

「マド」についても左ページの図をご覧になってください。ローソク足とローソク足の間に大きな空間が開いています。これを「マド」といい、この現象が現れることを「窓を開ける」と言います。その銘柄に何か好材料があって、「買い」が集中した時、前日の「高値」より、本日の「安値」の方がとても高くなってしまって、こんな隙間が空いてしまうのです。つまり、相場のエネルギーがとても強く、株価の急上昇が見込めるため、「買い」のサインとなります。逆の形になると「売り」サインになります。

相場の転換を知らせるサイン「ヒゲ」と「マド」とは？

長いヒゲは売買のシグナル

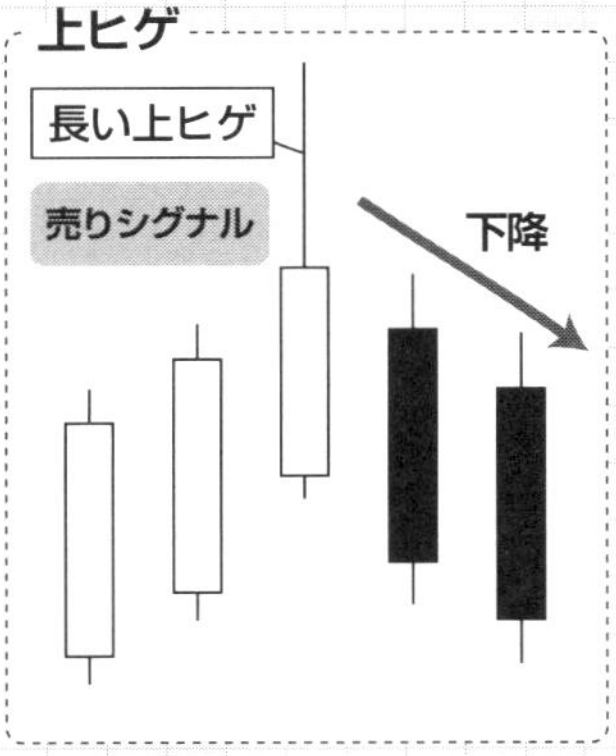

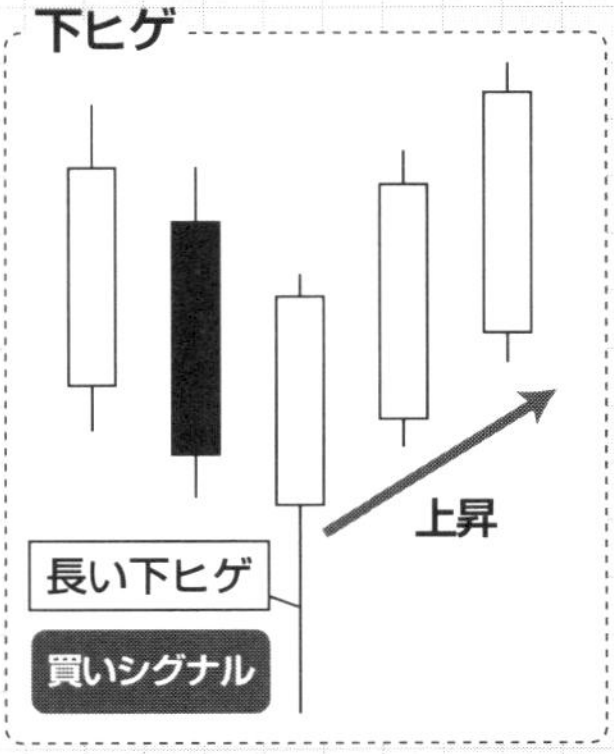

マド開けは売買のシグナル

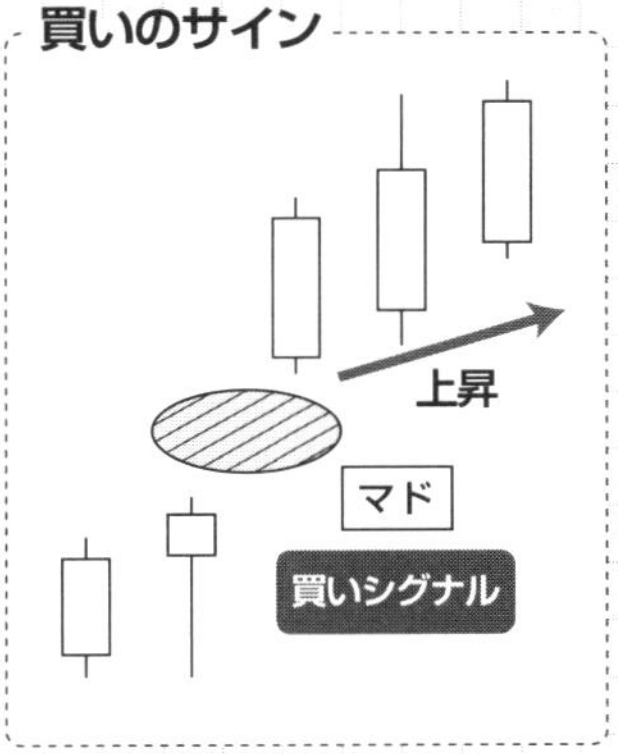

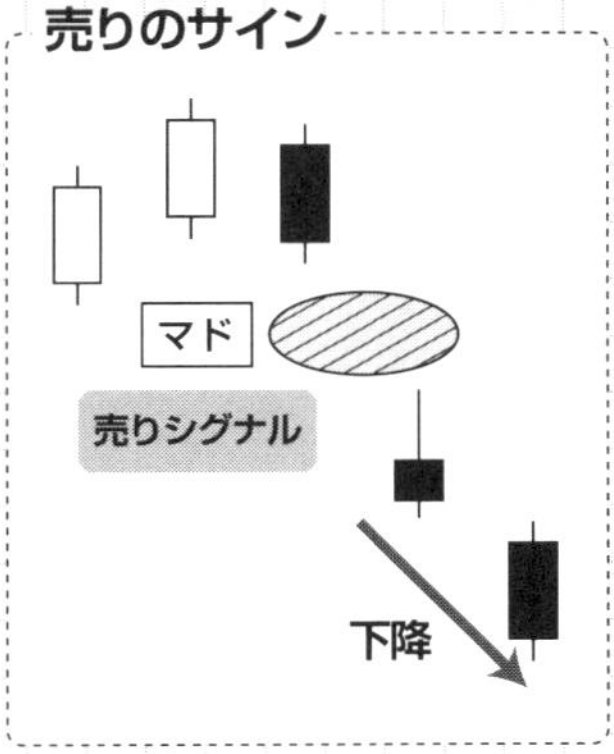

銘柄選びのヒントとコツ その10

チャートの基礎知識①

「日足」、「週足」、「月足」を使い分けよう

すでに説明したとおり、ローソク足にもいくつか種類があって、投資家のトレードのスタイルによって使い分けます。

「日足」「週足」「月足」は、それぞれ、ローソク足を形成する期間の違いによって、作成されたものです。80ページでも説明しましたが、株価の1日の動きを表したものが「日足」。1週間の動きを表したものが「週足」。1カ月の動きを表したものが「月足」です。一般的には、スパンの長い「月足」から、「週足」、そして「日足」といった順番で、チャートを見ていくというのが定石とされています。

スマホで株取引というなら、最も着目すべきローソク足は、やはり、「日足」になります。その銘柄の一日の詳細な値動きを「日足」で見て取ることができるからです。

ただ、「日足」だけを見ていると思わぬ失敗も。「日足」で「買い」と判断できる局面が、「週足」でみると、単なる「戻り」だったというケースも多々、あるからです。「週足」はより長いスパンにおける株価の動きを確認するために用いられます。実際の売買には、「週足」も参考にしてください。

楽天証券の「iSPEED」を起動させてみましょう。「ログイン画面」から、あなたがチェックしたい銘柄の画面へ飛んでください。「チャート」をタップ。「5分足」「日足」「週足」「月足」に4分割された画面が表示されました。それぞれのチャートをタップすれば、より詳細なチャートを確認することができます。

「日足」と「週足」を使い分けよう

限られた時間で判断するなら日足のみチェック

長期スタンスでもいい場合や、ちょっと悩んだときは週足もチェック

【日足】

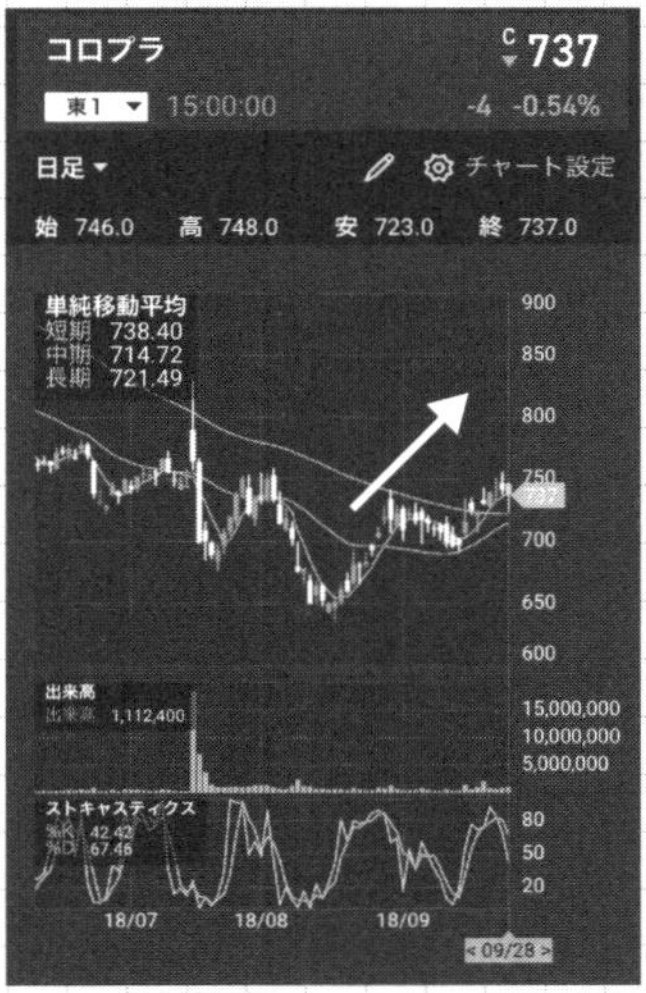

日足では上昇トレンドに乗ったように見える

【週足】

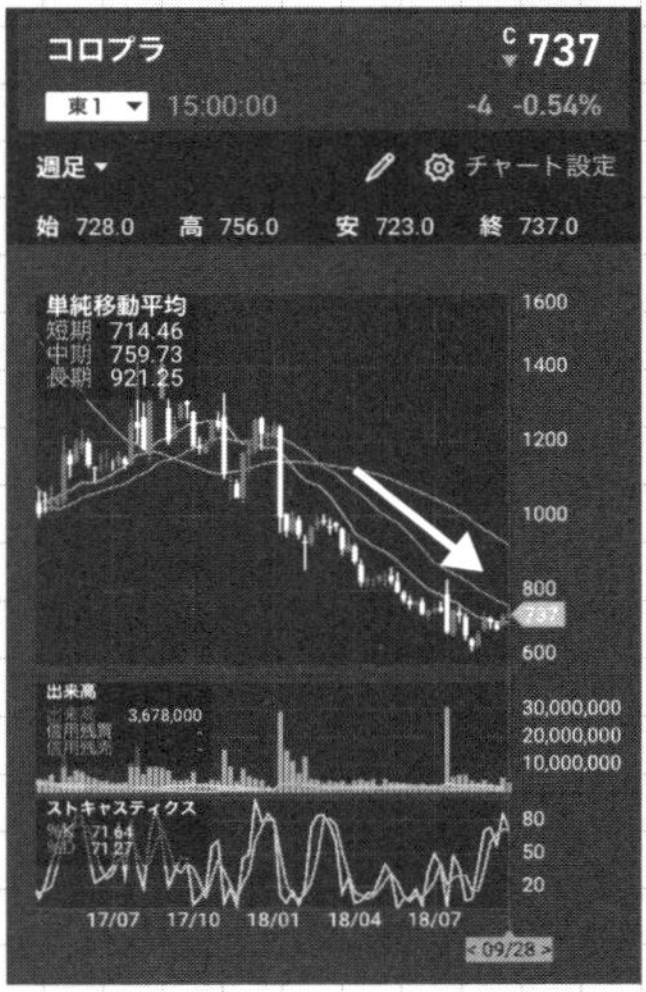

週足では下降トレンドのように見える

同じ日のチャートでも日足と週足では異なるトレンドに見える

銘柄選びのヒントとコツ その11

チャートの基礎知識②
ボックス、ダブル&トリプルトップとボトム

「ボックス」とは、株価がまるで箱（ボックス）に入っているかのように、一定の値幅で上昇・下降を繰り返す相場のこと。買い材料、売り材料がともに乏しく、売買のエネルギーそのものが弱い、いわゆる「持ち合い」相場のことです。長い持ち合いで相場のエネルギーが蓄積され、上値同士を結んだ上値抵抗線、下値同士を結んだ下値抵抗線をトレンドが突き破ると、一気に相場がブレイクすることがあります。

「ダブルトップ」とは、株価がいったん天井を付けた後、下落し、再び、上昇したものの天井には届かず、再び下落する形。結果としてアルファベットの大文字の「M」の形になるチャートのこと。株価が上昇するエネルギーを喪失したと判断され、強い「売りシグナル」を意味します。

「ダブルボトム」とはあべこべに、株価がいったん底値を付けた後、上昇し、再び下落したのち、再度、上昇へ向かうというチャートの形。こちらはチャートが「W」の形になります。株価が底を打ったと判断され、強い「買いシグナル」を意味します。つまり、高値圏での「ダブルトップ」とは、その銘柄が下降トレンドへ転換するシグナル、底値圏での「ダブルボトム」とは、上昇トレンドへ転換するシグナルと見ることができます。

さらにトリプルトップとは、別名「三尊天井《さんぞんてんじょう》」、トリプルボトムとは別名、「逆三尊《ぎゃくさんぞん》」といい、ダブルトップ、ダブルボトムより、さらに強力な「売りシグナル」「買いシグナル」になります。

チャートのサインを読み解こう！

ボックス

ボックス圏から上へ突き抜けると大きく上昇する可能性大

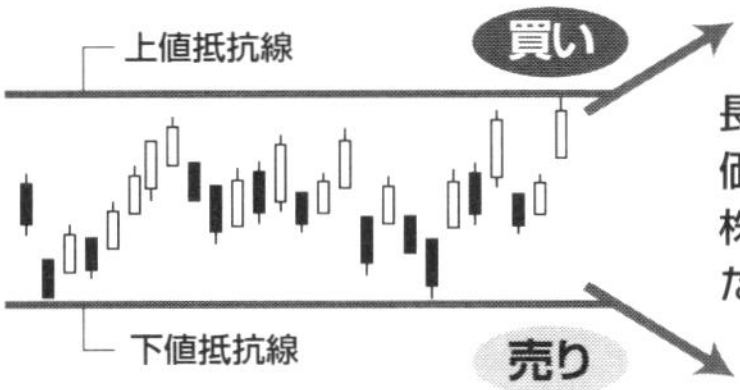

ボックス圏から下へ突き抜けると大きく下降する可能性大

長い期間、ある一定の範囲内を株価が動く形。このボックス圏から株価がはずれると、大きく上昇したり下降したりすることが多い。

ダブルトップ

株価が上昇し高値をつけたあと、再度その高値を抜こうと挑戦するが届かず下がっていくと「M」の形になる。売りシグナル。

ダブルボトム

株価が下降し、底値をつけたあと、再度さらに底値をつけようとする動きになるが、株価が持ち直していくと「W」の形になる。買いシグナル。

トリプルトップ

株価が上昇し高値をさぐるように３回挑戦すると山と谷が図のような「三尊天井」という形になる。売りシグナル。

トリプルボトム

株価が下降し、底値をさぐるように３回挑戦すると山と谷が図のような「逆三尊」という形になる。買いシグナル。

銘柄選びのヒントとコツ その12

オススメ指標①「移動平均線」ってなに？

楽天証券の「iSPEED」を起動してみましょう。チャートを表示すると、出来高を示す棒グラフの上に、赤（陽線）と白（陰線）で構成されるローソク足が表示されます。このローソク足のチャートに、パープル（短期線）、グリーン（中期線）、ブルー（長期線）のラインが付帯していることに気づかれると思います。この線が、「移動平均線」です。

移動平均線とは、一定期間の株価（終値）を平均化して線グラフにしたものです。25日移動平均線ならば、過去25日間の終値の平均をとった数字ということになります。平均値を求めるスパンは、日足、週足、月足ごとに異なっています。

移動平均線を見れば、その銘柄の大まかな値動きをつかむことができます。移動平均線は、その銘柄が上昇トレンドにあるときは、まず、短期線が先行して、右肩上がりの折れ線グラフになります。

下降トレンドにあるときは、同様に短期線が右肩下がりの折れ線グラフになるため、トレンドを一目で確認することができる便利なインジケーターなのです。

移動平均線は、ローソク足との組み合わせで、株価の判断材料として用いられます。つまり、ローソク足が中長期の移動平均線の上にあれば、平均値より株が買われているということで、「買い」のエネルギーが強い相場であると判断できます。ローソク足が中長期の移動平均線の下へ移動する形になった時、それは銘柄が売られ始めた可能性が高いということを意味しています。

移動平均線から見る「売り」と「買い」のタイミング

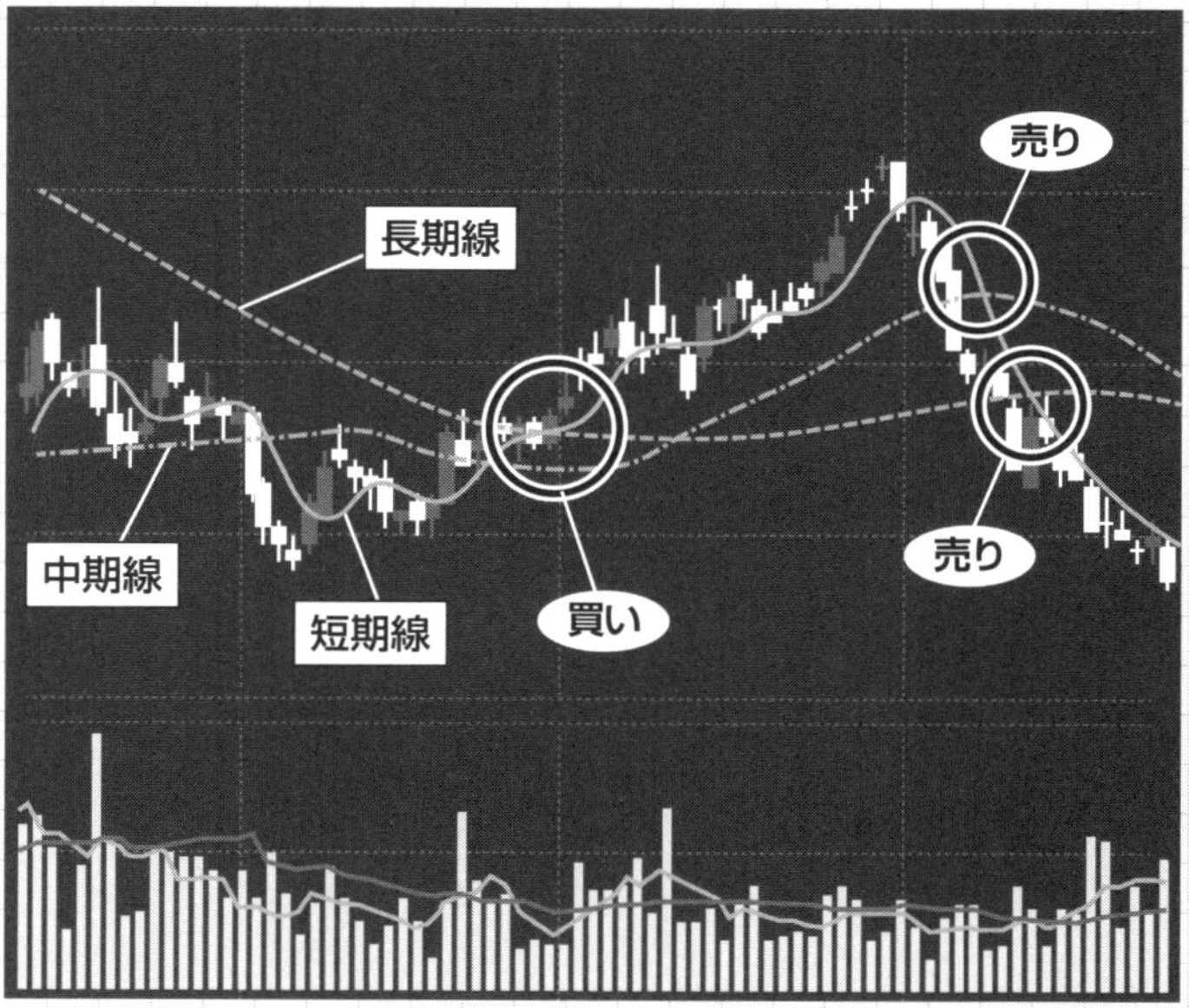

ローソク足と移動平均線の組み合わせで買いと売りのシグナルを見つけることができるが、長期投資向き。

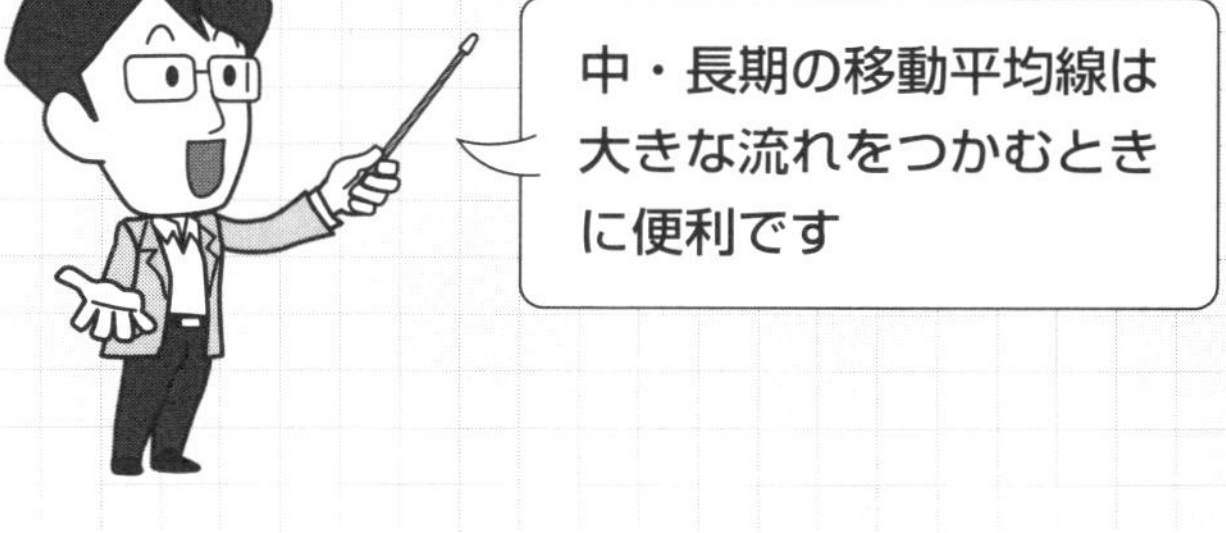

銘柄選びのヒントとコツ その13

オススメ指標②
「ゴールデンクロス」、「デッドクロス」

前項で説明した移動平均線の動向から、相場のトレンドの転換を予測することができます。これは長期線と短期線、中期線と短期線などスパンの異なる2つの移動平均線を組み合わせることによって、可能になります。株価が下降トレンドにある時、短期移動線はほぼ、長期移動線の下に位置していることが多いもの。株価が上昇に転じる流れになると、短期移動線が上向きにカーブを描くようになります。このカーブがさらに上向きになって、長期移動線を下から上に突き抜けると、この相場は上昇トレンドに転換したと判断できます。

この現象を「ゴールデンクロス」と言います。

あべこべに、株価が上昇トレンドにある時、短期線はほぼ、長期線の上に位置しています。しかし、「売り」のエネルギーが強まると、短期線は下向きのカーブを描き、短期線が長期線を上から下に突き抜けた時点で、この相場は下降トレンドに突入したと判断できます。

この現象を「デッドクロス」と言います。

しかし、「ゴールデンクロス」、「デッドクロス」に限らず、どんな優れた指標も盲信するのは危険です。ある投資家が、「もうすぐ、ゴールデンクロス（デッドクロス）が出そうだ」と予測した場合、実際に2つの移動平均線が交差（クロス）する前に、その株を買ったり、売ったりするからです。「ゴールデンクロス」、「デッドクロス」が出現したのに、その後、株価が下落したり、上昇したりすることもまま、あることです。

「ゴールデンクロス」と「デッドクロス」は長期投資向け

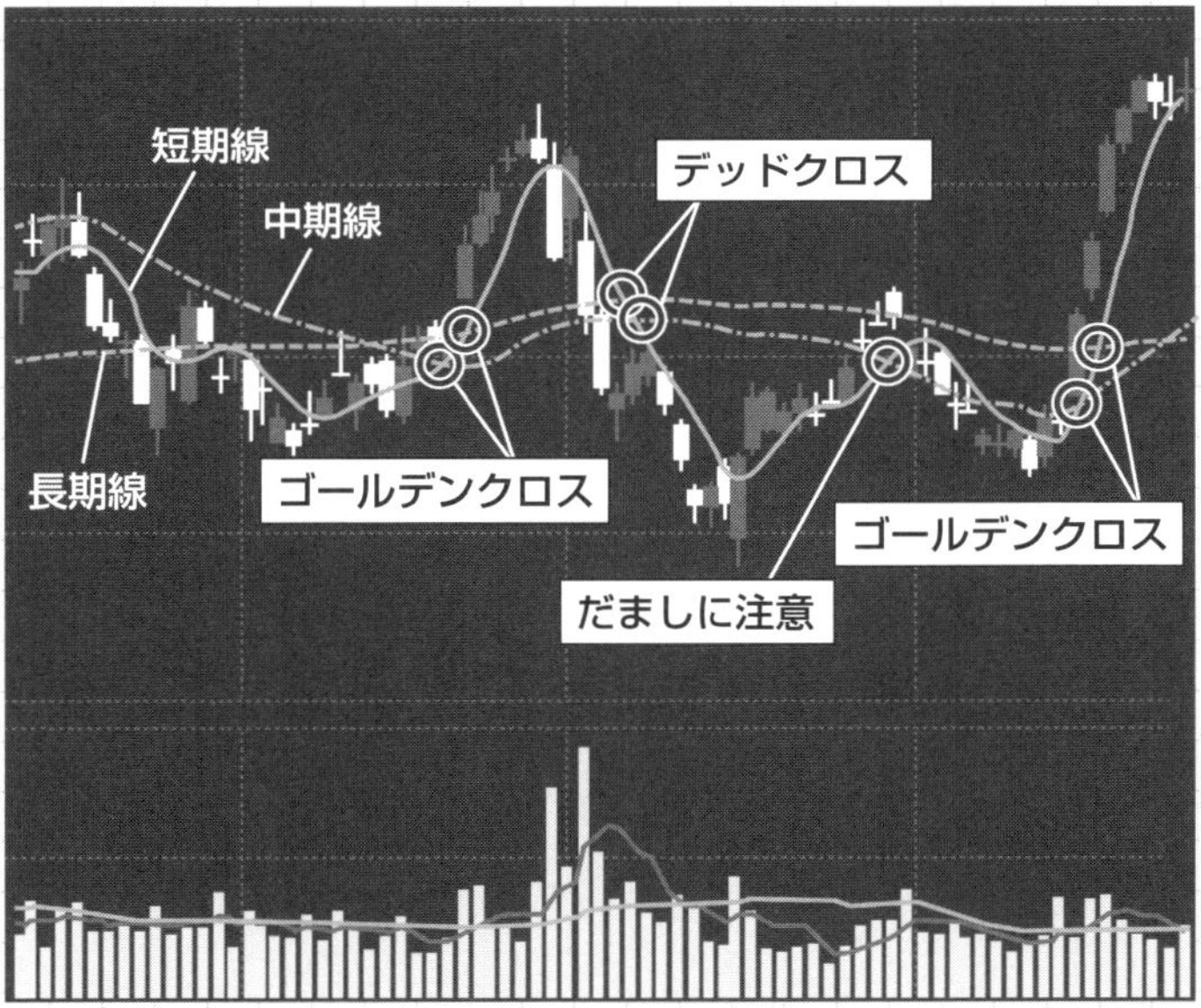

短期線
中期線
デッドクロス
長期線
ゴールデンクロス
ゴールデンクロス
だましに注意

移動平均線の長期線・中期線と短期線のクロスで株価の動向を予想します。「ゴールデンクロス」が出れば上昇予想、「デッドクロス」が出たら下降予想です。

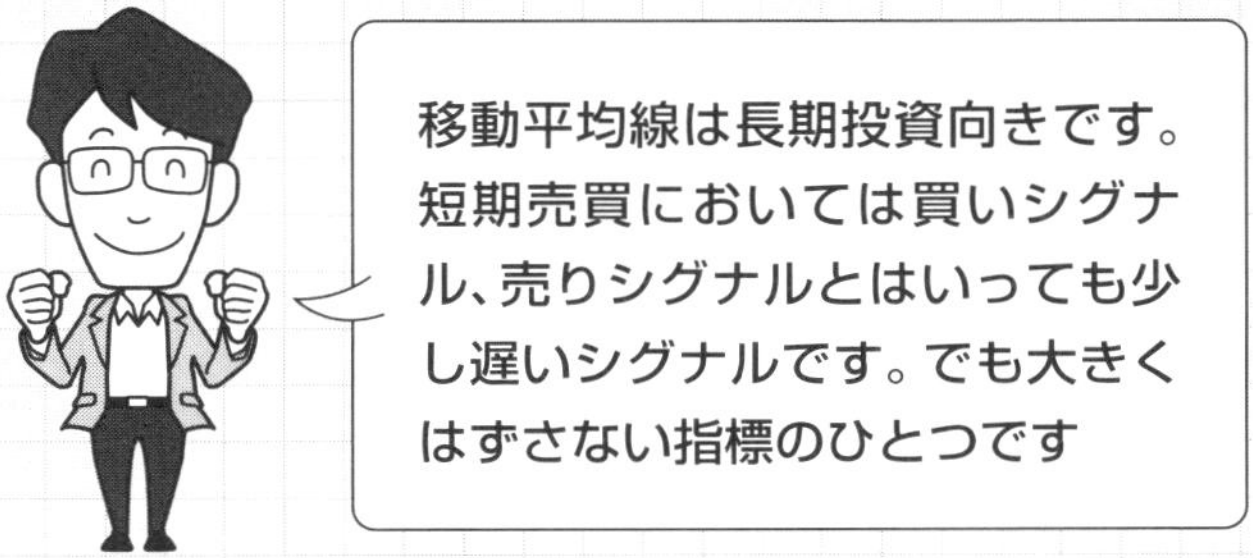

移動平均線は長期投資向きです。短期売買においては買いシグナル、売りシグナルとはいっても少し遅いシグナルです。でも大きくはずさない指標のひとつです

銘柄選びのヒントとコツ その14

オススメ指標③
値動きの幅を示す「ボリンジャーバンド」

ボリンジャーバンドとは、移動平均線の上下に値動きの幅を示す線を加えた指標のことです。

80年代にアメリカの投資家ジョン・ボリンジャー氏が考案した、「株価の大半がこの帯（バンド）の内側に収まる」という統計学を応用したテクニカル分析の手法で、移動平均線の上下にσ（シグマ）というラインを引いたものです。移動平均線を中心に、上に1σ（シグマ）・2σ・3σ、下に－1σ・－2σ・－3σの合計7本のラインが引かれます。

統計的に1σから－1σの間に68・3%、2σから－2σの間に95・5%、3σから－3σの間に99・7%の確率で株価が収容されるとされています。株価が－2σ・－3σといったバンドの下にある場合は、明らかに売られすぎと判断できるため、調整の機能が働いて、移動平均線の側に戻っていくと考えられます。つまり、「買いシグナル」になります。逆に、株価が2σ・3σといったバンドの上にある場合、買われすぎと判断でき、「売りシグナル」となるのです。

株価とは、平均値である移動平均線からあまり極端に外れた値段をつけることはないものです。

移動平均線からの株価の離脱があまりに大きい場合、「この株は高すぎる（この株は買われすぎている）」「この株は安すぎる（この株は売られすぎている）」「すぐに平均値まで戻すだろう」、つまり、帯（バンド）の内側へ戻る力学が働いて、平均値へ近づいていくだろうという考え方に基づいたチャート分析法になります。

統計学で株価を予想する「ボリンジャーバンド」

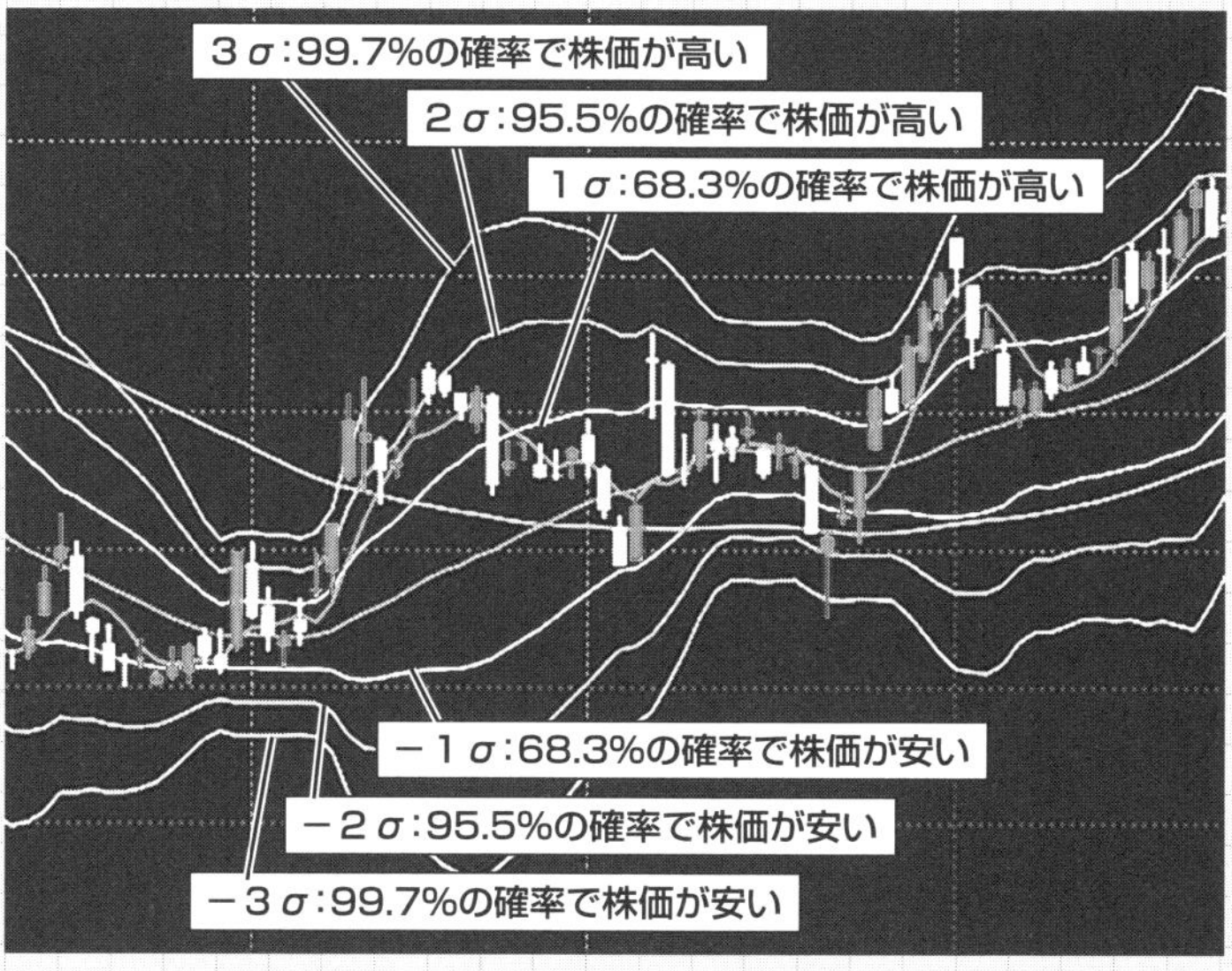

株価が2σや3σのバンドの上に位置している場合は売りのサイン。逆に株価が－2σや－3σの下にある場合は買いのサインです。

銘柄選びのヒントとコツ その15

オススメ指標④
「ボリンジャーバンド」を読み解こう

では、実際に楽天証券の「ｉＳＰＥＥＤ」を使って、ボリンジャーバンドの見方を学びましょう。

「ログイン画面」から見たい銘柄のチャートへ移動。「チャート」→「単純移動平均」→「テクニカルチャート」の画面で、「ボリンジャーバンド」をタップ。チャートにボリンジャーバンドが表示されました。この7本のラインがボリンジャーバンドです。

ボリンジャーバンドの特徴は、その幅が広くなったり、狭くなったりを繰り返すことです。ボリンジャーバンドには、「スクイーズ」「エクスパンション」「バンドウォーク」という基本的な動きがあります。

「スクイーズ」とは、英語で「絞る」という意味。「売り」と「買い」のエネルギーが交錯し、危うい均衡を保っている状態のことです。この後、株価が大きく上昇したり、下落する可能性の高い状態です。

「エクスパンション」とは、英語で「拡張」の意味。「スクイーズ」でため込んだ売買のエネルギーが、上昇か、下落、どちらかの方向に解放された状態を意味します。

「バンドウォーク」とは、株価が±2σのラインに沿って推移していく状態のことです。とても強いトレンドで、上昇トレンドの場合、しばらく株価の上昇が続くと判断できます。下降トレンドで「バンドウォーク」が出現した場合、売られ過ぎであると判断でき、いずれ大きな反発があると予想されるので、「買い」のタイミングを計って、機会を逃さないようにしましょう。

線の形状から値動きを予測「ボリンジャーバンド」の見方

スクイーズ

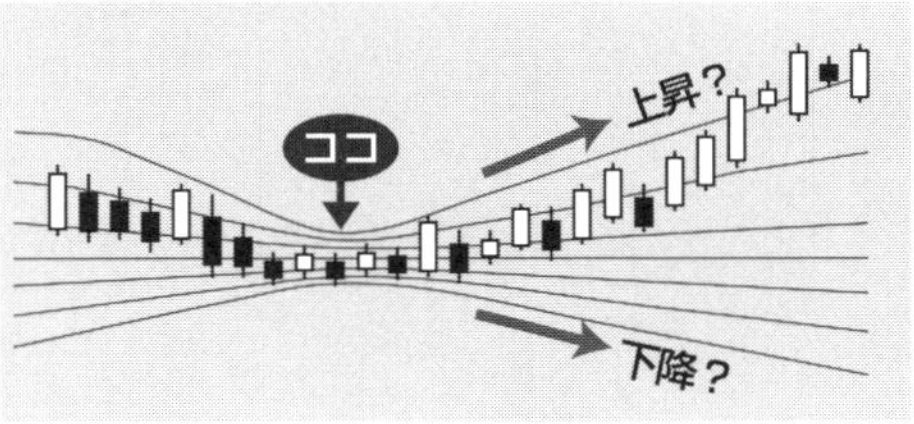

バンドの線が絞られて集まっているような状態。このサインが出たら、株価は上か下に大きく動くことが多い。

エクスパンション

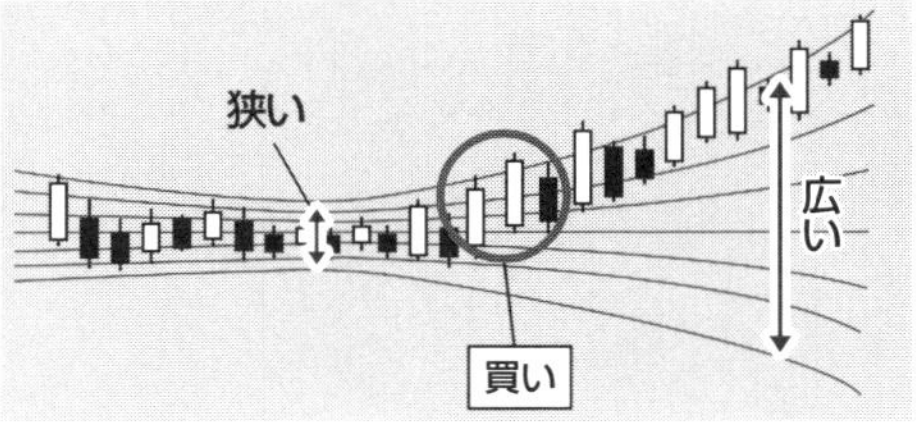

ボリンジャーバンドの線と線の幅が絞られた狭い状態から広い状態にかわって2σ、3σの線を越えてきたら買いの準備をする。

バンドウォーク

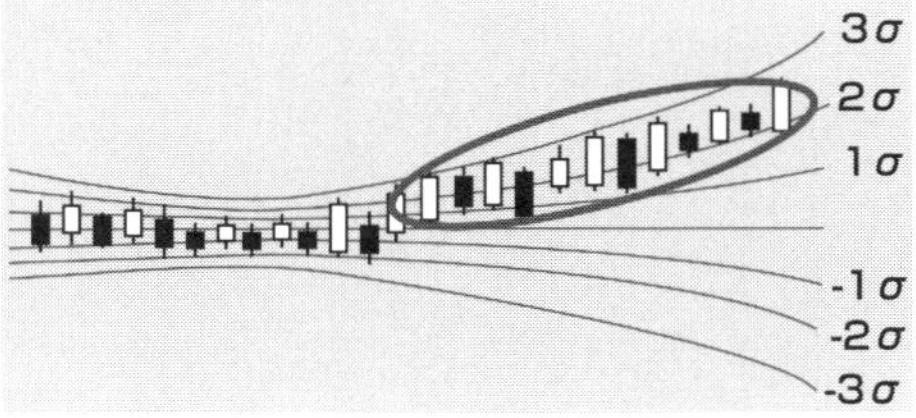

2σのラインを基準に株価が推移していきます。長く上昇していくことがあります。

銘柄選びのヒントとコツ その16

オススメ指標⑤

売買の時期がわかる「ストキャスティクス」

ストキャスティクス（stochastics）とは、アメリカのチャート分析家、ジョージ・レーン氏によって考案された、「買われ過ぎ」「売られ過ぎ」を判断する指標です。「%K」「%D」の2本のラインを利用した「ファーストストキャスティクス」と、「Slow%K」「Slow%D」のラインを利用した「スローストキャスティクス」の2種類に分類されます。

計算式は複雑で、ここでは書ききれません。アプリが自動的に計算してくれますので、我々はその計算結果を見るだけでいいのです。

相場は、上昇局面では「終値が高値近辺で取引終了」、下降局面では、「終値が安値近辺で取引終了」という傾向にあります。ストキャスティクスは、この相場の傾向をもとに開発された指標で、設定値に基づいた終値と最高値・最安値を用いて計算が行われ、出力されます。

基本的には、ストキャスティクスの数値が20%以下であると「売られ過ぎ」、80%以上であると「買われ過ぎ」であると判断されます。つまり、20%以下なら、「買いサイン」、80%以上なら、「売りサイン」であると認識するのが一般的です。2本のラインが上方に位置している場合は、目先の欲に惑わされず、売却してしまいましょう。2本のラインが下方に位置している場合は、「買い」シグナルになります。一般的には、3本のラインで構成されますが、iSPEEDの場合、「%K」線と「%D」線の2本のライン（ファーストストキャスティクス）で表示されます。

線の上下から株の値動きを予測 ストキャスティクスの見方

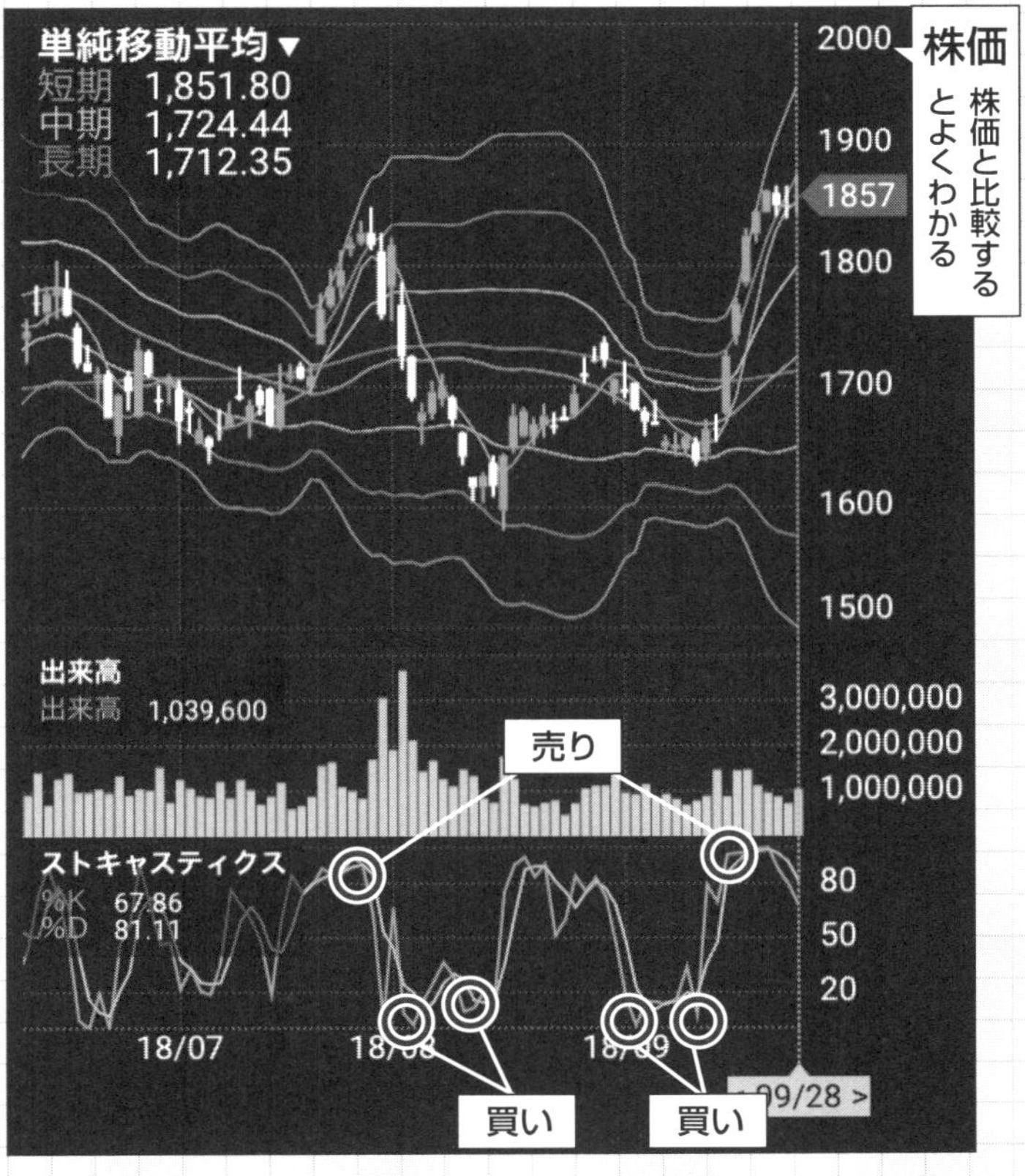

「売り」と「買い」のタイミングが一目でわかる点は便利。時間がない投資家には使いやすい指標。

銘柄選びのヒントとコツ その17

オススメ指標⑥

売買の注文状況がわかる「板」

株式相場とは、株を買いたい人たちと売りたい人たちの大量の注文が飛び交う世界です。その売買の状況を一日で確認できるようにまとめたのが、「板」と呼ばれる一覧表なのです。

「板」情報でその銘柄に対して、買い注文がどれだけ出ているか、売り注文がどれだけ出ているかが確認できます。中央に「気配値」が表示され、その右側(買い板と言います)に株価ごとに「どれだけの数、買い注文が出ているか」、左側（売り板と言います）に「どれだけの数、売り注文が出ているか」が表示されます。

左ページの上の図をよくご覧になってください。「1005円には、200株の売り注文が出ている」、「1000円には、600株の買い注文が出ている」、この売買の状況が一日で確認できますね。当然、買い注文が多ければ、その株価は上昇し、売り注文が多ければ、その株価は下落していくことになります。左ページ右下の図では、「売り板」の方が「買い板」より厚く、この銘柄は、先々、下落していく可能性が高いと判断できます。

逆に左ページ左下の図のように、買い板の方に、売り板とはケタの違う注文数が並んでいたら、買いのパワーが強いということで株価が上昇する可能性が高くなります。

ただ、ある指値の注文が突出して大きい場合、その注文が壁となって上にも下にも株価が動いていかないようになるケースもありますので、注意しましょう。

大量の注文状況が一目でわかる「板」の見方

【板の基本的な見方】

売		買
200	1030	
700	1025	
100	1020	
400	1015	
600	1010	
200	1005	
	1000	600
	995	400
	990	700
	985	100
	980	2000
	975	300

1005円で200株分、1010円で600株分売りたい人がいる。注文を出している人が1人なのか複数なのかはわからない。

売りの注文の金額と買いの注文の金額と株数が合うと売買が成立する。

1000円で600株分、995円で400株分の買いたい人がいる。

■「買い」のタイミングの板の例

上昇

売		買
	1030	
400	1025	
100	1020	
200	1015	
300	1010	
100	1005	
	1000	3000
	995	4200
	990	2800
	985	7500
	980	6800
	975	2300

売りたい株数より買いたい株数の方が一目で多いとわかる

■「売り」のタイミングの板の例

下降

売		買
3100	1030	
2600	1025	
1900	1020	
3100	1015	
2800	1010	
4000	1005	
	1000	300
	995	100
	990	300
	985	200
	980	400
	975	100

買いたい株数より売りたい株数の方が一目で多いとわかる

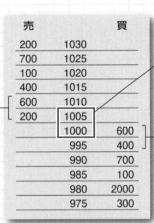

銘柄選びのヒントとコツ その18

気になる株の銘柄を毎日チェック
20銘柄を「お気に入り」に登録しよう

「いずれ、この株を買いたい」「この分野でこの企業は注目株」「これは投資サイトでおすすめの銘柄」と株式投資をする以上、あなたが目をつける銘柄が、どんどん増えていくはずです。

通勤電車の中、ランチタイム、コーヒーブレイク、目的の銘柄の情報を知りたいと思った時、「お気に入り」に事前に検索したい銘柄を登録しておくのが便利です。

あなたが注目している銘柄を登録しておけば、一覧からその銘柄をタップするだけで、すぐにその詳細な情報を閲覧することができます。

楽天証券の「ｉＳＰＥＥＤ」の場合、１ページごとに１００銘柄。これが10ページで、１０００銘柄まで登録が可能です。

注目している銘柄を毎日、チェックしましょう。ずっと見ていくと、その銘柄の株価変動の「くせ」が分かってきて、売買のタイミングをつかむ練習になります。

「お気に入り」には、大型株、新興株などの小型株、配当利回りのいい株、上昇サイトなどで取り上げられた株など、様々なジャンルの銘柄を登録しておくといいでしょう。

ただし、欲張ってあまり数多くの銘柄を「お気に入り」に入れておくと、細かくそれをチェックするのが難しくなります。あくまでも、本業の合間に株式投資というのが本書のスタンスですから、最初のうちに登録するのは20銘柄程度に抑えておいて少しずつ増やしましょう。

気になる銘柄を毎日チェック「お気に入り」を使いこなそう！

iSPEEDの「お気に入り」確認方法

表示方法「リスト」

自分の注目している銘柄や保有している銘柄を登録しておくと、一目で今の株価などをチェックできる。

表示方法「チャートペア」

チェックしたい銘柄の株価だけでなく、簡易版のチャートも同時にチェックできる。全体の動きを知るにはとても便利。

電車の中や休憩時間に１分でチェックできるすぐれものです！

銘柄選びのヒントとコツ その19

「四季報」や経済ニュースもしっかりカバー

必要な情報はアプリだけで十分

「四季報」とは、東洋経済新報社が年4回（3月、6月、9月、12月）に発行している情報誌です。

「四季報」に掲載された情報によって、株価が大きく動くほどの影響力があります。社名や事業内容、特色といった基本情報はもちろん、売上高・営業利益・経常利益・純利益・1株当たりの当期純利益（EPS）・1株当たりの配当など、詳細な財務情報を閲覧することができます。売り上げと利益が増加傾向にある銘柄が有望です。PER・PBR・ROEといったファンダメンタルの指標で株価の割安度をチェックすることができます。そして、チャートを眺めて、テクニカル分析で買い時、売り時を計ることができます。「四季報」は書店で購入すれば2000円する情報誌ですが、楽天証券・SBI証券・SMBC日興証券・マネックス証券の会員なら、スマホのアプリで簡易版が無料で閲覧できます。

楽天証券の「iSPEED」では、日本経済新聞社が提供する「日経テレコン」の記事を無料で読むこともできます。「MarketToday」から「楽天証券マーケットニュース」で市場の動向や注目したい銘柄の解説を視聴することもできます。

「トランプ大統領就任」や「イギリスのEU離脱」など、予想外のサプライズは株価に大きな影響を与えますので、主要な記事のチェックは欠かせません。

アプリで「USD/JPY」をタップ。為替では最低、ドルと円の動向は必ず把握しましょう。これら、株式投資に必要な情報の閲覧は、スマホだけで十分です。

「四季報」はココをチェック！

■ 企業情報をチェック

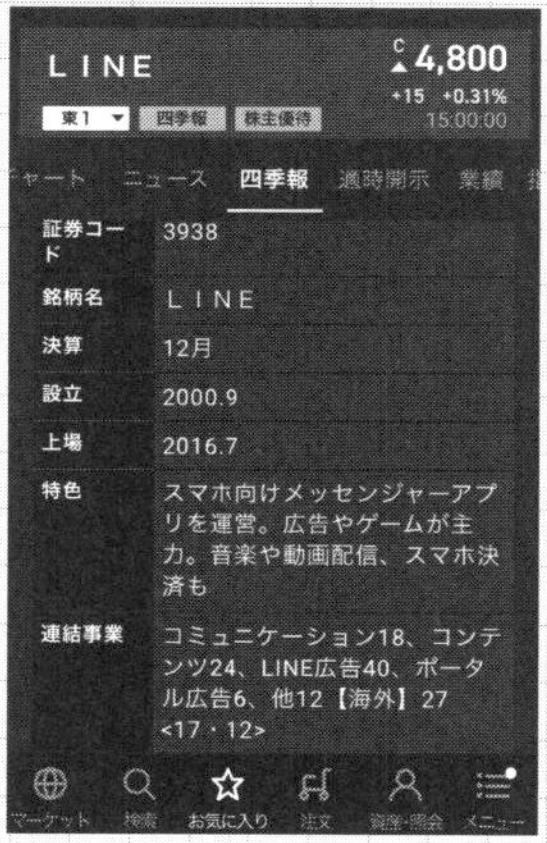

証券コード	3938
銘柄名	ＬＩＮＥ
決算	12月
設立	2000.9
上場	2016.7
特色	スマホ向けメッセンジャーアプリを運営。広告やゲームが主力。音楽や動画配信、スマホ決済も
連結事業	コミュニケーション18、コンテンツ24、LINE広告40、ポータル広告6、他12【海外】27 <17・12>

「特色」＝どんなことをやっている会社かがわかる

「解説記事」＝企業の現状が少し詳しく記載されている

■ 業績をチェック

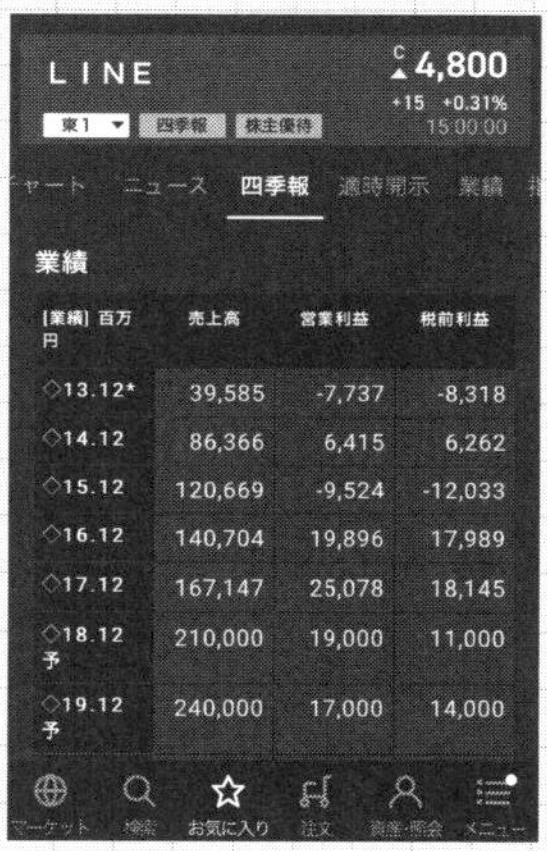

【業績】百万円	売上高	営業利益	税前利益
◇13.12*	39,585	-7,737	-8,318
◇14.12	86,366	6,415	6,262
◇15.12	120,669	-9,524	-12,033
◇16.12	140,704	19,896	17,989
◇17.12	167,147	25,078	18,145
◇18.12予	210,000	19,000	11,000
◇19.12予	240,000	17,000	14,000

会社の業績をチェックする

■ 配当情報をチェック

【業績】百万円	利益	1株益（円）	1株配（円）
◎13.12	230,483	200.8	130
◎14.12	254,797	229.0	150
◎15.12	220,209	201.7	150
◎16.12	150,650	138.0	150
◎17.12	241,923	222.9	160記
◎18.12予	280,000	259.3	160〜165
◎19.12予	285,000	263.9	160〜170
中18.6	134,783	124.8	80

配当があるか、配当の権利が発生する月は何月かはここでわかる

銘柄選びのヒントとコツ その20

ドル／円相場やユーロ圏、中国市場…

為替と海外市況はどこまで見る？

「円高」「円安」のニュースは、毎日のようにメディアで報道されています。何に対して、円が高いのか、安いのか？　一般的に「円高」「円安」というとき、対象の外国通貨は米ドルです。概ね、「円高」はネガティブ、「円安」はポジティブに報道されることがほとんどです。これは、輸出の比率が高い日本経済にとって、「円高」は大きなマイナス材料になり、「円安」はプラス材料になるからです。自動車・電機などドル建てで輸出される外需主体の企業は、「円安／ドル高」にメリットがあり、原油などドル建てで輸入される内需主体の企業は「円高／ドル安」にメリットがあります。

２００８年、アメリカの大手証券会社リーマンブラザーズが破綻。この「リーマンショック」で世界中の株価が多大な悪影響をこうむりました。日本にとってもアメリカは巨大な貿易相手国であり、アメリカの景気が失速すれば、日本の株式市場も大きなダメージを受けると言って過言ではありません。

日本の指標だけでなく、アメリカの指標もチェックしておくのは、とても大切なことです。特に重要なものは、「非農業部門雇用者数」と「ＩＳＭ製造業景況指数」です。アメリカで重要な経済指標が発表されるたびに、為替は大きく反応し、揺れ動くことがあります。その為替の変動がまた、上記の理由で日本市場の株価に対して、大きな影響を与えます。現在は、中国を初めとして新興国が台頭し、アメリカだけでなく、これらの国の指標も参考にすべき時代になってきています。

様々な国の経済が互いに影響
経済はさらにグローバルに

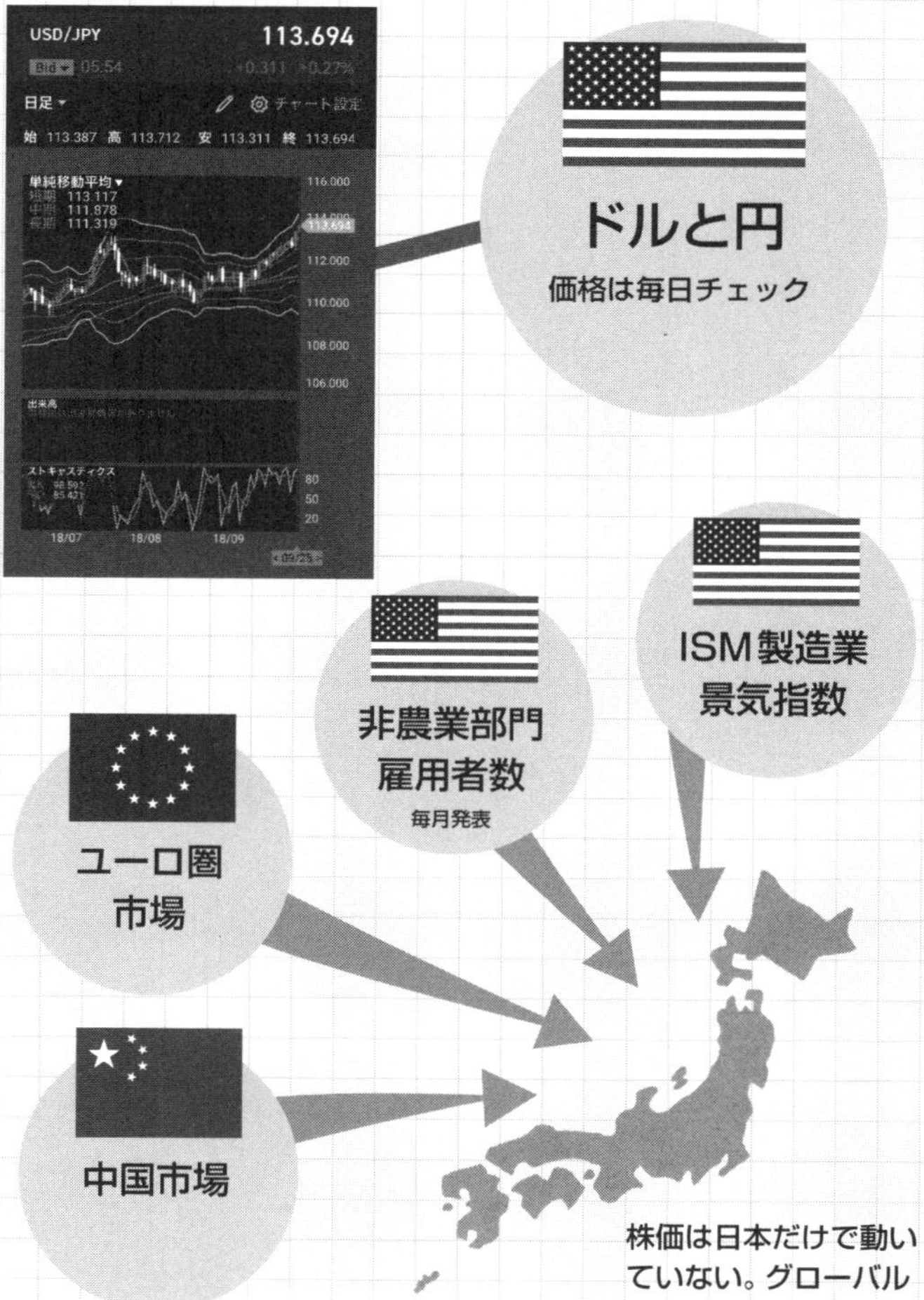

株価は日本だけで動いていない。グローバルなのです。

コラム4

スマホでお金のやり取りは危険では？

あなたの大切なお金を手のひらに収まるような小さな電子機器に預けてしまうことに、不安を覚えている方もいらっしゃるのではないでしょうか？

「スマホは〝小さなパソコン〟、ウイルスに感染したりしないの？」

「ハッカーによってハッキングされ、不正操作でお金を盗まれたりしないの？」

しかし、過度な心配は無用です。証券会社に預けている資金や株式は、他人の口座に移ることはありません。資金の場合、あなたが指定した銀行口座にしか移すことはできません。また、株式も他人の口座に移管することはできません。ただ、証券会社の「入出金カード」と「暗証番号」を盗まれると、他人があなたに成りすまして、お金を引き出すことは可能になります。これは銀行の「キャッシュカード」と同じです。カードの保管には十分、気を付けましょう。また、使用するパスワードと暗証番号は、定期的に変更するよう、心がけましょう。

ネット証券各社が提供する株式投資アプリは、iPhone、Android のどちらでも使えます。しかし、セキュリティの面からみると、iPhone に軍配が上がります。そもそも、iOSを攻撃するウイルス（マルウェア）が少ないうえに、Appleは配信アプリに対して極めて厳しい審査を行っているからです。

Android のスマホを使用するなら、常にOSのアップデートを行い、セキュリティソフトをインストールするのが安全でしょう。

第四章
買うときはドキドキ、売るときもドキドキ

株式投資をやってみよう その01

買い方はかんたん①
指値と成行、単位株を知ろう

株の取引には2種類のやり方があります。ひとつは、いくらでもいいから買いたい（売りたい）という注文の出し方、これを「成行《なりゆき》注文」と言います。もうひとつは、いくらになったら買いたい（売りたい）とあらかじめ、値段を指定して売買する「指値《さしね》注文」です。この2つの注文のやり方をよく理解して、適切に使い分けられるようにしましょう。

「指値」とは、「何円まで下落したら、買いたい」「株価が何円に上昇したら、売りたい」という具合に売買の値段を指定する注文方法です。

この指値は、前日の終値をもとに上限と下限が設定され、あまり極端な値段で指値を指定することはできない仕組みになっています。

これに対して、「成行」はその時点における相場で成立した値段でいいから、とにかくその株を買いたいという時に用います。売買が成立しやすいメリットがある一方、あなたが想定していない高値で買ったり、安値で売れたりするデメリットがあります。

「指値」による注文は、「より高く、自分の目標価格で売りたい」「より安く買いたい」時に使用し、「成行」による注文は、「とにかく早く買っておきたい」「即売っておきたい」という局面で使用するという認識でいいと思います。

気を付けていただきたいのは、株取引では、売買可能な最低単位が決められていること。これを「単位株」「単元株」と言います。2018年10月をもって、すべての銘柄は100株単位に統一されました。

キホンの注文方法
「指値」と「成行」の違い

買い注文
指値
成行
希望する株価でないと買いたくないわ
希望の価格になるまで待てます
指定した株価まで買えないかもしれないけど仕方がないね
買えるならいくらでもいいよ
売りが出てればすぐ買えるね
予定より高く買うことになっちゃった

株式投資をやってみよう その02

買い方はかんたん②
「通常」、「逆指値」と「逆指値付通常注文」

株の売買には、「成行」と「指値」の2種類があると前項で説明しました。次はこの「指値注文」について、もっと詳しく見ていきましょう。

「指値注文」には、大きく分けて「通常」と「逆指値」の2つの種類があります。

「通常」は、「この株を指定した値段以上で売りたい」、「指定した金額以下で買いたい」という注文の仕方です。先ほどの項目で説明した「指値注文」のやり方ですね。

一方、「逆指値」とは、「株が指定した金額以上になったら買い、指定した金額以下になったら売る」という注文のやり方です。たとえば、1000円で買った株がこれから値上がりする気配が見えたとき、「1100円になったら買い」という注文を入れるのが逆指値です。また、その株が下降トレンドに入りそうなので「900円になったら売り」とするのも逆指値です。相場の上昇やロスカットなどのタイミングを逃さない注文方法と言えます。

楽天証券など一部の証券会社では、この2つの方法以外に通常注文と逆指値注文を同時に行う「逆指値付通常」という特殊な方法も用意しています。

この方法を使うと「1000円の株が1100円になったら売り」という通常注文と、「900円になったら売り」という逆指値注文を同時に出せます。どちらかの注文が条件にヒットすれば、もう一方は自動的に無効となります。株価が予想外の動きをしても対応できる、便利な注文方法です。それぞれの特徴を覚えて、使いこなしましょう。

「通常」「逆指値」「逆指値付通常」株取引の注文の特徴とは？

①通常注文

・いまよりも安くなったら買う
・いまよりも高くなったら売る

→希望価格にならず売買が成立しないこともある

②逆指値注文

「○○円以上になったら買い」と逆指値注文しておけば、上昇トレンドを逃しません

・いまよりも高くなったら買う
・いまよりも安くなったら売る

→損切や利益確定の売りなどで使用する

③逆指値付通常注文

・①の「通常注文」と②の「逆指値注文」を同時に出す

【例】1000円の株が1100円に上がったら売り（通常）。
　　それと同時に、950円に下がったら売り（逆指値）の指示を出す。

→通常注文に加えて、損切、利益確定などができるので、予想外の株価の変動に対応しやすい！

逆指値付通常注文は「楽天証券」のほか、「マネックス証券」「カブドットコム証券」「松井証券」などでも行っています

※注文方法を詳しく知りたい方は各証券会社にお問い合わせください。

株式投資を
やってみよう
その03

買い方はかんたん③
「数量」「執行条件」「口座区分」を押さえる

ここでは株数の注文単位、どのような期間で注文を出せるか、また、株取引に使う口座にはどんな種類があるかを説明します。

株を買えば、株主として「配当金がもらえる」「株主優待がつく」「株主総会で議決権が行使できる」といった権利を得ることができますが、それには基本的には１００株以上の株式を所有する必要があります。

そうしたことから、株は１００株単位で取り引きされており、１００株の整数倍である１００株、２００株、３００株という１００株単位でしか売買できないことになります。

もし、「１５０株、買いたい」という注文を出しても、単位から外れているため、あなたの注文は通りません。

「執行条件」とは、「成行」「指値」「逆指値」、それぞれの注文に「指定した条件を満たしたら、この注文を執行する」という注文のタイミングのことです。

楽天証券では、「成行」「本日中」「今週中」「期間限定」「寄付《よりつき》」「引け」「不成《ふなり》」「大引不成《おおびけふなり》」の８つの執行条件があります。

「口座区分」とは、「特定口座（源泉徴収ありとなし）」と、「一般口座」「ＮＩＳＡ」の３種類の口座があります。

株式や投信で譲渡利益を得たら、確定申告をしなければなりません（利益が年間20万円以下ならば無用です）。確定申告に不慣れな方は「特定口座（源泉徴収あり）」を選ぶといいでしょう。

株取引の基礎知識
数量、執行条件、口座区分とは？

数量

1単位100株なので、100の単位で注文。

100株、200株、300株……という単位になる。

執行条件

「本日中」＝本日だけの注文

「今週中」＝今週だけの注文

「期間限定」＝週より長い期間出し続けられる注文

「寄付」＝寄付
　　　＝引け
　　　＝不成
　　　＝大引不成
→ ほとんど利用しません

口座区分

「特定」＝特定口座で売買→源泉徴収アリの場合、確定申告しなくてＯＫ

「一般」＝一般口座で売買→確定申告の必要があり、面倒

「NISA」＝NISA口座で売買→ トータルで120万円までの売買では、この口座を利用するのが税務上お得

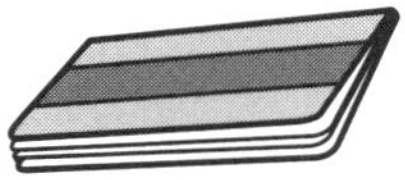

株式投資をやってみよう その04

買い方はかんたん④
通勤時間にはここをチェック!

　毎日の通勤電車って混んでいて、会社にたどり着くまで大変ですよね。そんな時間を使って、どんな株取引ができるでしょうか。

　満員電車の中ですから、判断の材料はできるだけシンプルなものにします。スマホの画面は小さいし、揺れる電車の中ですから、小さい数字やグラフは見づらくて使いにくいからです。

　楽天証券の「iSPEED」を起動させましょう。起動時の初期画面に、「日経225」「日経225先物（期近）」「日経225（5分足）」「USD/JPY」の画面が表示されます。「日経225（5分足）」は、ログイン時のみに表示されます。まず、ここでマーケット全体の状況を確認しましょう。

　次に「お気に入り」をタップ。見たい銘柄をタップすれば、チャート（日足）が閲覧できます。画面の「チャート設定」をタップして、使いたい指標を選択します。「トレンド系」「オシレーター系」の両方の指標を表示させることができます。自分が使いやすい指標を用いればいいのですが、ここでは、トレンド系では「ボリンジャーバンド」、オシレーター系では「ストキャスティクス」を使用します。

　一度にすべての指標を表示させると画面が複雑になりますから、自分が見やすい表示を探しましょう。筆者は「ボリンジャーバンド」と「ストキャスティクス」を同時に表示させています。次に「板」情報を確認します（ログインが必要）。最後に「資産・照会」をタップして、「保有銘柄一覧」で現在、自分が保有している銘柄の株価を確認しましょう。

通勤電車ではココをチェック！

①マーケットを見る！

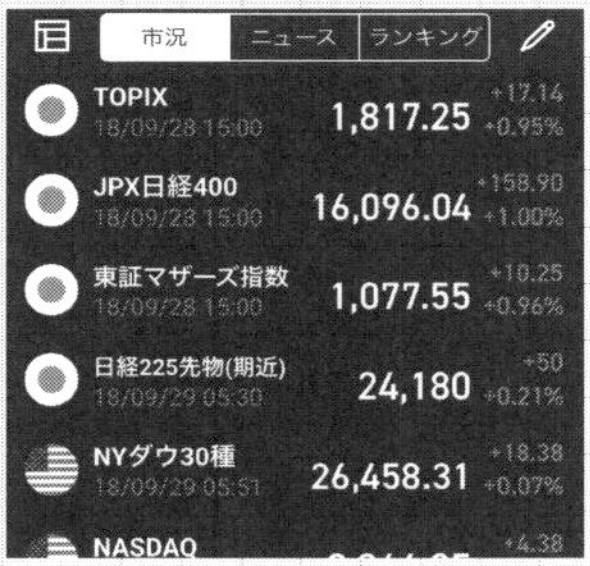

②お気に入りを見る

③各銘柄の日足チャートを見る！

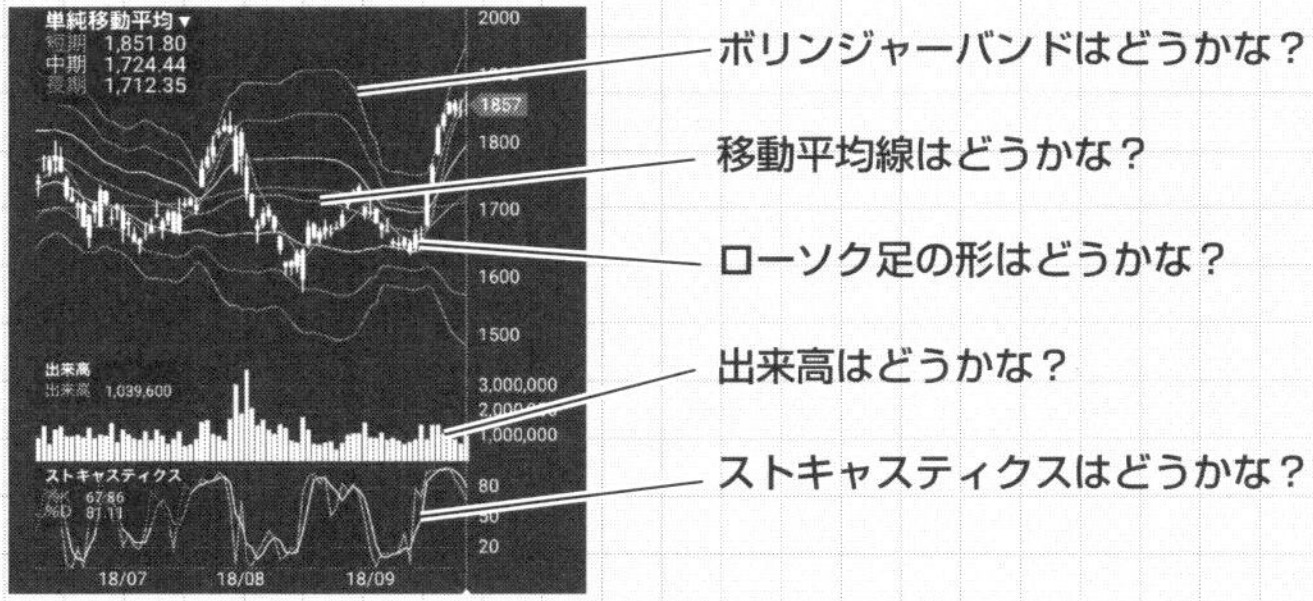

④板情報を見る

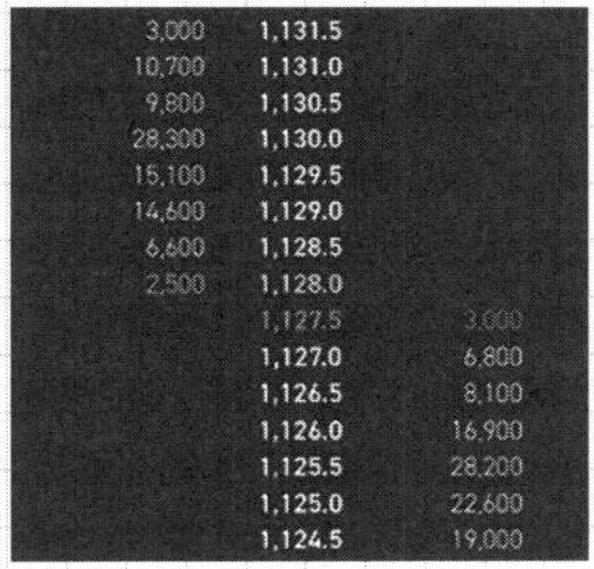

⑤自分の保有株の価格も見る！

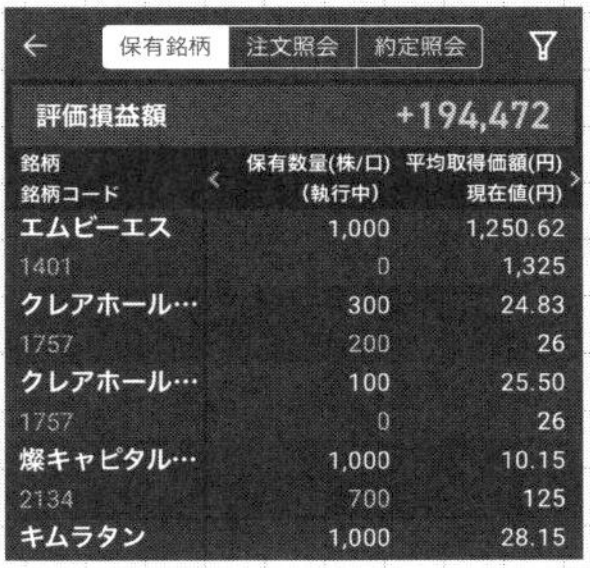

株式投資をやってみよう その05

買い方はかんたん⑤
「i-SPEED」で株を買ってみよう

では、楽天証券の「iSPEED」を使って実際に買い注文を出してみましょう。

すでに売買の注文には、「成行」と「指値」の2つのやり方があることを学びました。まずは、「成行」による注文のやり方。

「ログイン画面」→「検索」をタップして、買いたい銘柄もしくは証券コードをインプットします。「注文」→「現物買い」をタップ→買いたい株の数量を入力して、「成行」をタップ。取引暗証番号を入力して、「確認」→注文内容がすべて正しいか、確認して「執行」→「注文を受け付けました」の「OK」をタップ。注文状況が「約定」になっていたら、取引成立です！

では、次に「指値注文」のやり方。

買いたい株の数量を入力するところまでは成行注文と同じで、今度は「指値」をタップ。指値で指定したい金額を入力し、続いて取引暗証番号を入力→「確認」→注文内容に間違いがないか、確認できたら、「執行」→「注文を受け付けました」の「OK」をタップ。

画面に注文状況が、現在、「執行中」であるという表示が現れました。あなたが指定した指値にまで株価がまだいっていないため、取引が成立していない、つまりまだ「約定」がなされていないということを意味しています。

くれぐれも、桁を間違えて入力するなどのミスがないよう、注文内容に関しては、確認を怠らないようにしましょう。

iSPEEDで株を買ってみよう

お気に入り銘柄画面

買いたい銘柄をタップ

成行注文

注文画面

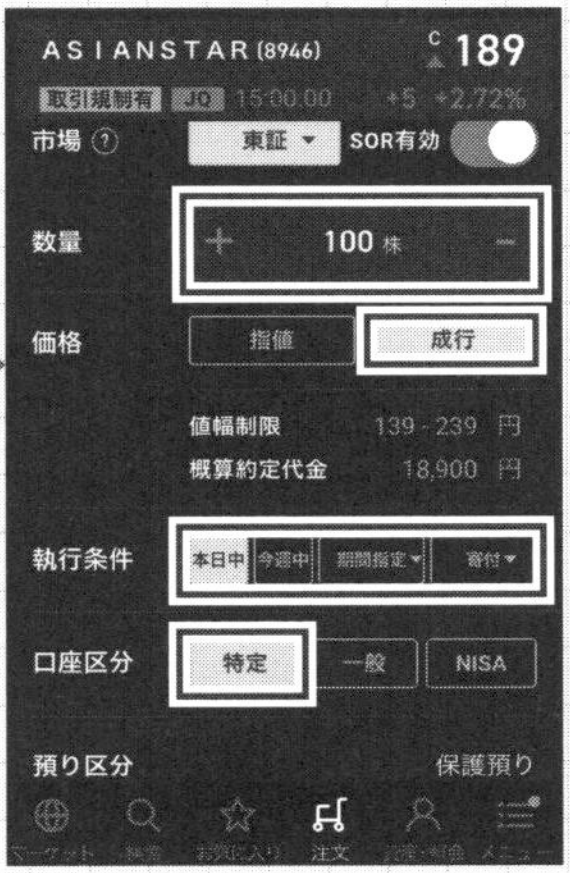

①株数入力

②成行を押す

③注文期間入力
※成行は 本日中 指定

④ 特定 を押す

指値注文

注文画面

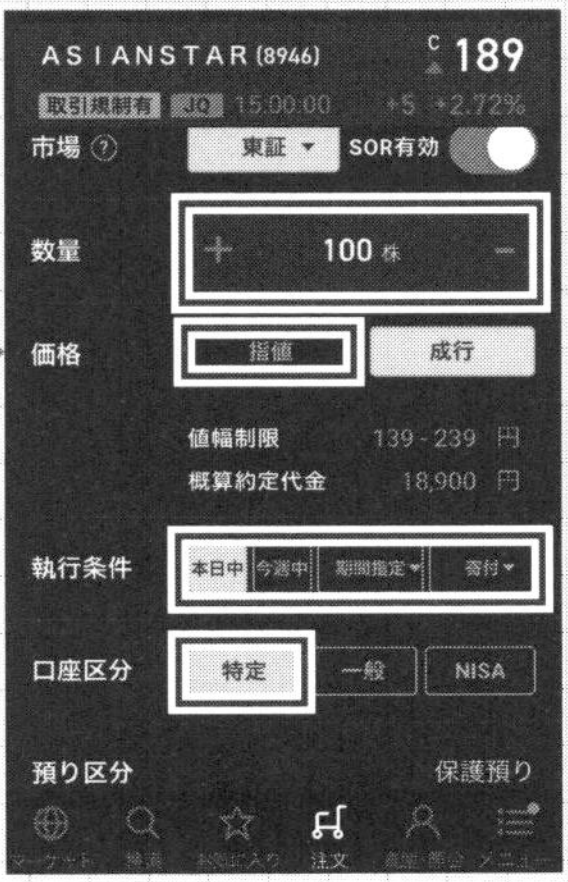

①株数入力

②指値を押す

③注文期間入力
本日中 か 今週中 、
期間指定 を選ぶ。
期間指定は銘柄によって期間が異なる。

④ 特定 を押す

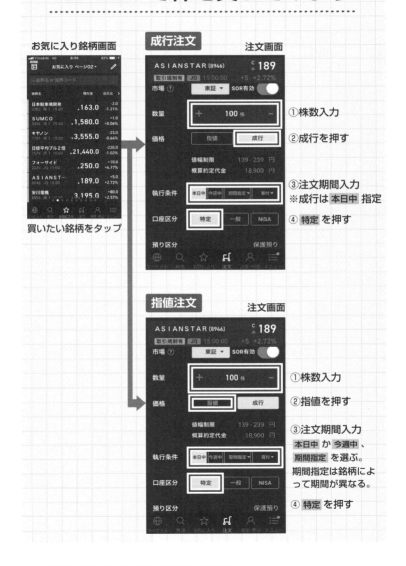

株式投資を
やってみよう
その06

株式取引にある2つの種類
「現物取引」と「信用取引」ってなんだ？

今、持っているお金だけで株を買って取引することを「現物取引《げんぶつとりひき》」と言います。あなたが100万円お持ちだとして、「現物取引」なら、買える株は100万円分だけ。

これに対して、「信用取引《しんようとりひき》」では、この100万円を「委託保証金」として証券会社に預けることによって、3倍の300万円まで株を買うことができるのです。これを「信用買い」と言います。

また、「現物取引」では、所有していない株を売ることはできませんが、信用取引では、「持っていない株を先に売ってから、その後、株を買い戻す」ということが可能になります。これを「信用売り」、または「カラ売り」と言います。持っていない株を、証券会社から「借りる」という形でこの取引が可能になります。

株価が1000円の時、「信用売り」した株が、1株500円に下落した時点で買い戻した差額500円が利益になるというわけです。この場合も、資金の3倍まで株を借りることができます。

株価が思惑通りに動けば、「信用取引」で利益は3倍になります。しかし、思惑が外れたら、損失も3倍になるわけです。損失が大きくなると、「委託保証金」が不足し、証券会社からMC（マージンコール）が届きます。その際、損失を覚悟で決済するか、追加保証金（追証）を入金するか、どちらかを選択しなければならなくなります。

初心者の方は「信用取引」には手を出さない方が無難です。

リターンも大だが、リスクも大
信用取引には要注意！

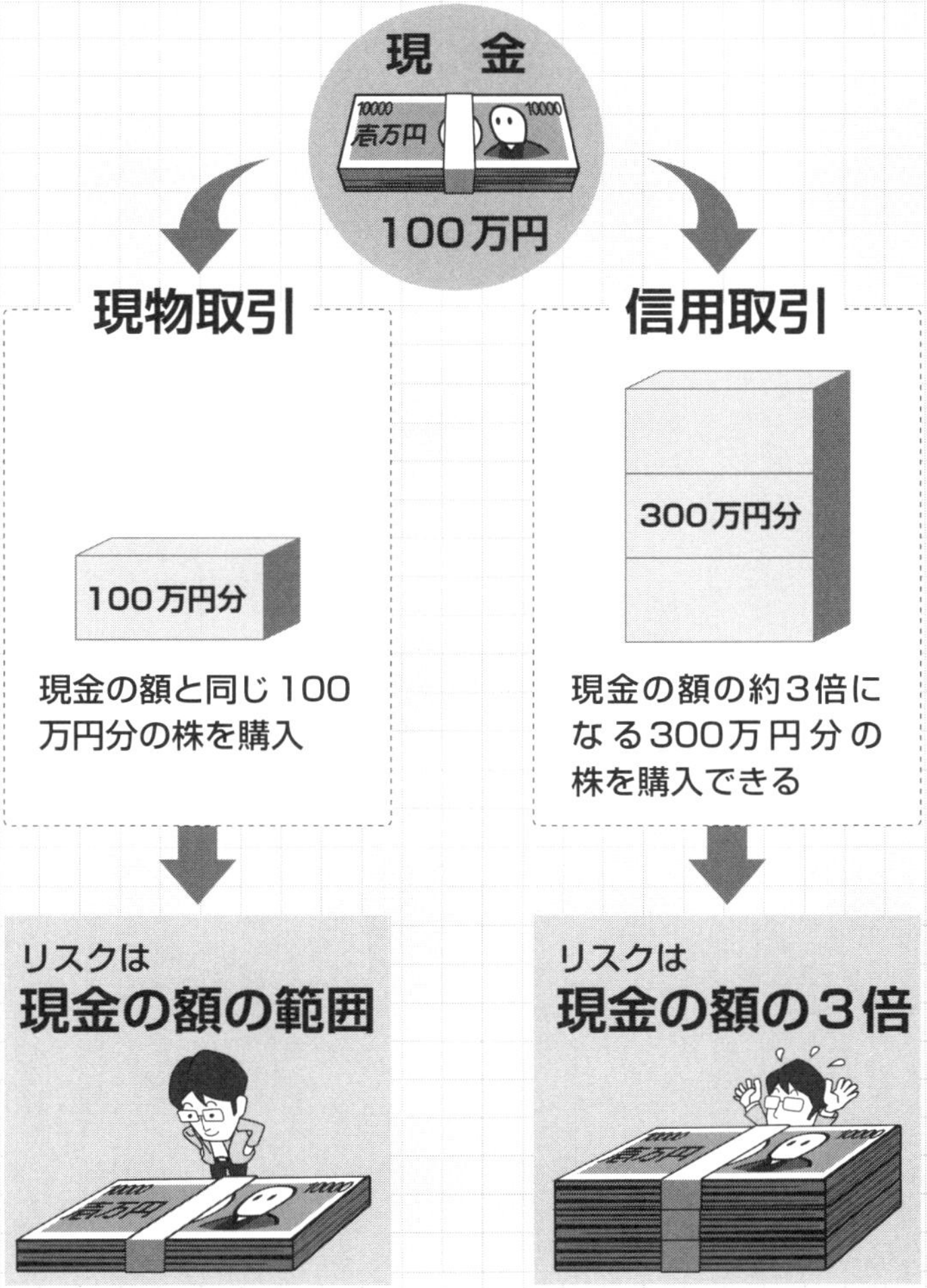

株式投資を
やってみよう
その 07

取り引きに有益な情報がたくさん
株式情報サイトを覗いてみよう

我々、投資家にとって有益な情報を提供してくれる株式情報サイトには、証券各社、投資顧問会社、ポータルサイトなどが運営しているものがたくさんあります。最もポピュラーなのが、ポータルサイト「Ｙａｈｏｏ！ ＪＡＰＡＮ」が運営している「Ｙａｈｏｏ！ ファイナンス」ではないかと思います。「Ｙａｈｏｏ！ ファイナンス」は、投資やマネー情報に関する総合的な情報サイトです。

筆者は、カブーフレンズの「キッチンカブー」、マエストロの「株式デイリーコメント」、この2つの無料メールマガジンをお勧めします。こちらは、「現在、どのような銘柄が注目されているか?」「この会社の業績予想はどうか?」「各証券会社のレーティングがＵＰした、あるいはＤＯＷＮした?」「株式予想会社は、どんな企業を紹介しているか?」「今、デイトレーダーたちはどんな情報に関心を持っているか?」などという情報を分析して、無料で提供してくれるサイトになります。

無料メルマガで紹介されている銘柄をアプリの「お気に入り」に登録して、チャートをチェックするのもいいし、有料会員になってより詳細な情報を日々、ゲットするのもいいでしょう。

株価は業績が好調ならば、それに連動して上昇していくというわけではなく、投資家たちの「人気」が集まるかどうかによっても決まります。

このような無料メルマガを提供するサイトは、そんな投資家たちの「人気」が集まる銘柄を探し出すのに持って来いだと言えます。

株の値動きの裏には
さまざまな情報がある！

なぜ株価は動くのか？

株価を動かす要因は、その会社の業績だけではありません。以下のような原因も重要です。

業績の上昇下降

政治・海外事情

指標による売買サイン

証券会社、格付け会社のレーティング

投資家、株式情報会社の人気・注目度

株式投資をやってみよう その08

旧来の持ち続ける投資はNG
期間を決めて利益を確定していこう

株を現物で売買する際の最大の特徴は、たとえその株を高値掴みして損失が出たとしても、決済しない限り、それは「含み損」のままであって、何か月、あるいは何年先か、株価が反騰した時に買値以上で売れる可能性があるということです。

買った時より、株価が下落して売りたくても売れない状態に陥ってしまうことをこの世界で、「塩漬け」と言います。

たとえ、「塩漬け」となった株でも、決済しない限りは損失にはならないのですから、「安く買って高くなった株は売る。高く買って安くなった株は塩漬け」、こんな投資戦略を描くこともできるのですが……しかし、せっかくの資金をずっと眠らせておくことが果たして、良い投資のやり方と言えるでしょうか？

自分なりの投資ルールを設定し、「5％の損が発生したら、潔く損切り」「残った資金で別の銘柄を購入」「その銘柄が5％以上、上昇したら売却して利益確定」「株取引は6勝4敗でいい。トータルで利益が出ればそれでよし」

こういうスタンスで、コツコツ小さな売却益を積み上げていく方が、より賢明で楽しいトレードになると思います。

日中仕事をされている方が、短期の値動きに右往左往せず、精神的にも安定を保ち、夜、投資の戦略を練ることができるのは、やはり、1～2週間程度をスパンとした「スイングトレード」であると考えます。

利益を確定させるには、「損切り」をする勇気も大切

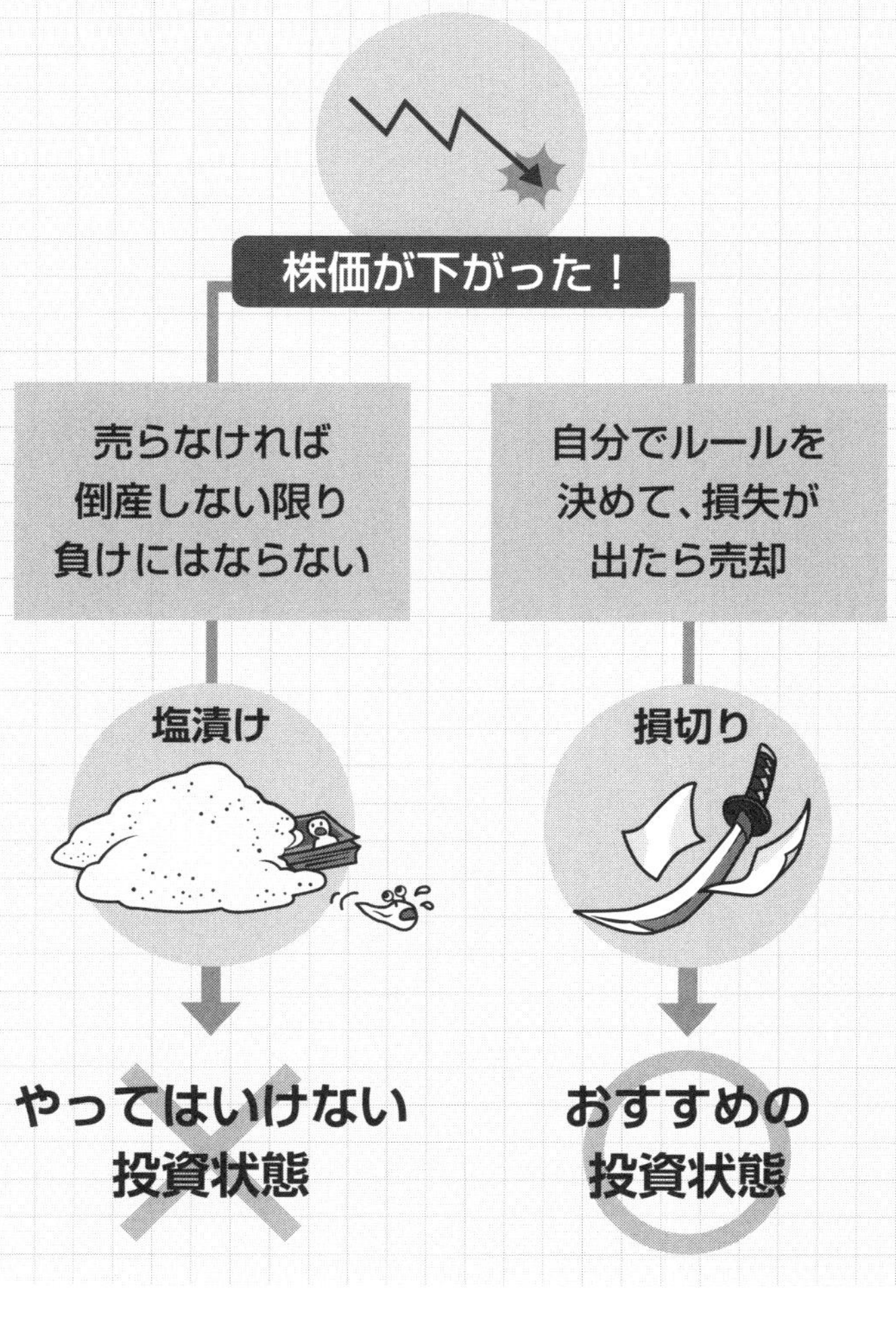
株価が下がった！
売らなければ
倒産しない限り
負けにはならない
自分でルールを
決めて、損失が
出たら売却
塩漬け
損切り
やってはいけない
投資状態
おすすめの
投資状態

株式投資をやってみよう その09

売り方はかんたん①
「売りのサイン」はどこにある?

チャートを眺めながら、実際にどんな状況の時、「売り」のサインが出ているのか、見てみましょう。ここでは、「ローソク足」の「ヒゲ」と、ボリンジャーバンドを使用します。

左ページのチャートをご覧ください。長い「上ヒゲ」が確認できます。「ヒゲ」はその長短によって、高値圏や安値圏における「売りの圧力」と「買いの圧力」の力関係を把握することができます。

長い「上ヒゲ」は、一時、かなり買い進まれたものの、その後、売り圧力にさらされて、株価が押し戻されてしまったことを表しています。

投資家たちが、「さすがにこの値段は高すぎる」という高所恐怖症に駆られて、株を売却してしまった経緯を見て取ることができます。長く上昇トレンドが続き、その後、長い上ヒゲが出現した場合、そのあたりが天井である可能性が高いということになります。

明確な「売りシグナル」です。

ボリンジャーバンドを見てみましょう。

左ページをご覧ください。ボリンジャーバンドが＋3σの線を越えています。

この銘柄の株価が、移動平均線、つまり一定期間の平均価格から、統計的に高値方向に大きく偏移しているということが見て取れます。

明らかに「買われ過ぎ」の状態であると判断できます。買われ過ぎた株は、下方にある移動平均線に向かって回帰する可能性が高いので、この局面はやはり、「売りシグナル」であると判断できます。

売りのサインを探そう①
ローソク足とボリンジャーバンド

【ローソク足の売りのサイン】

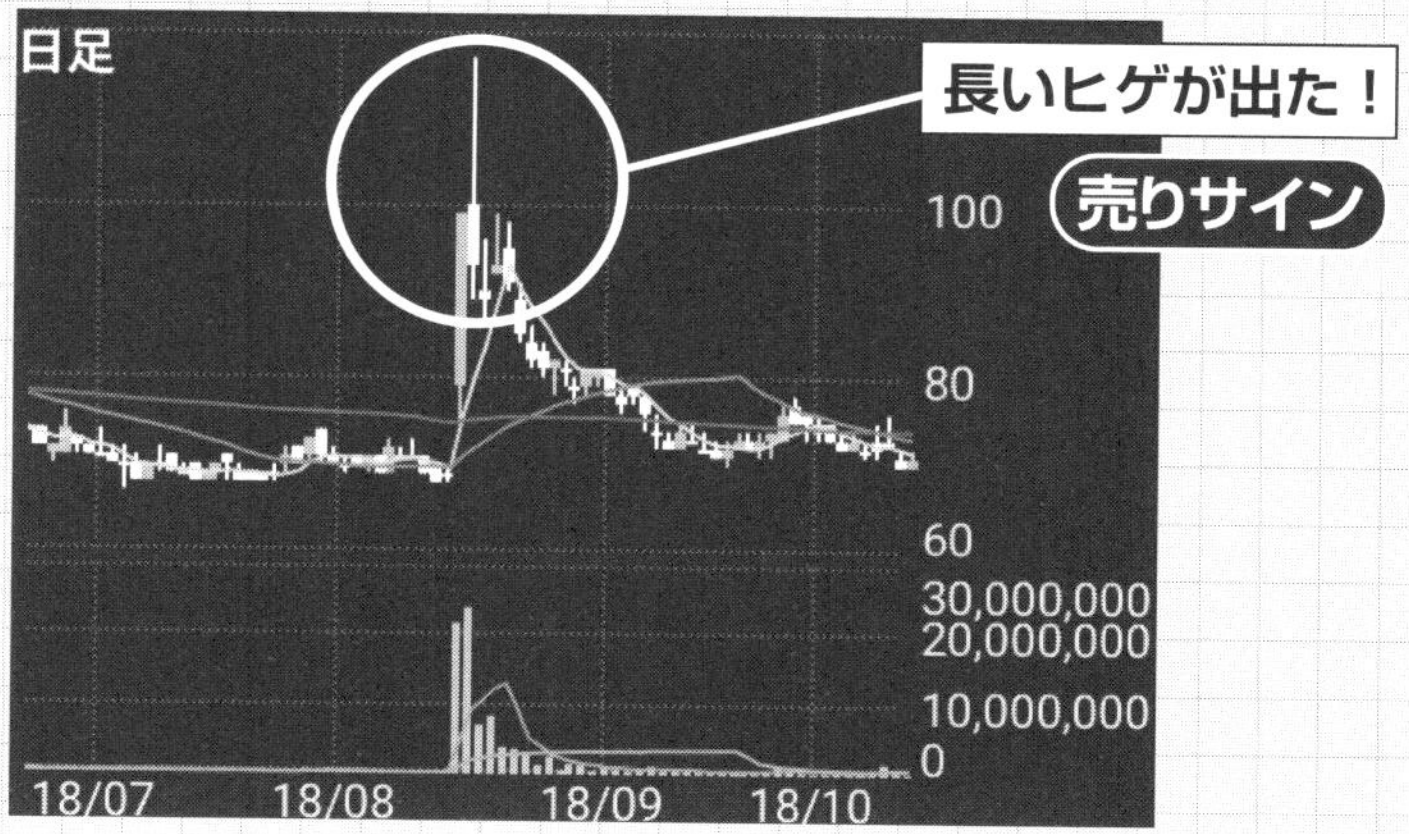

【ボリンジャーバンドの売りのサイン】

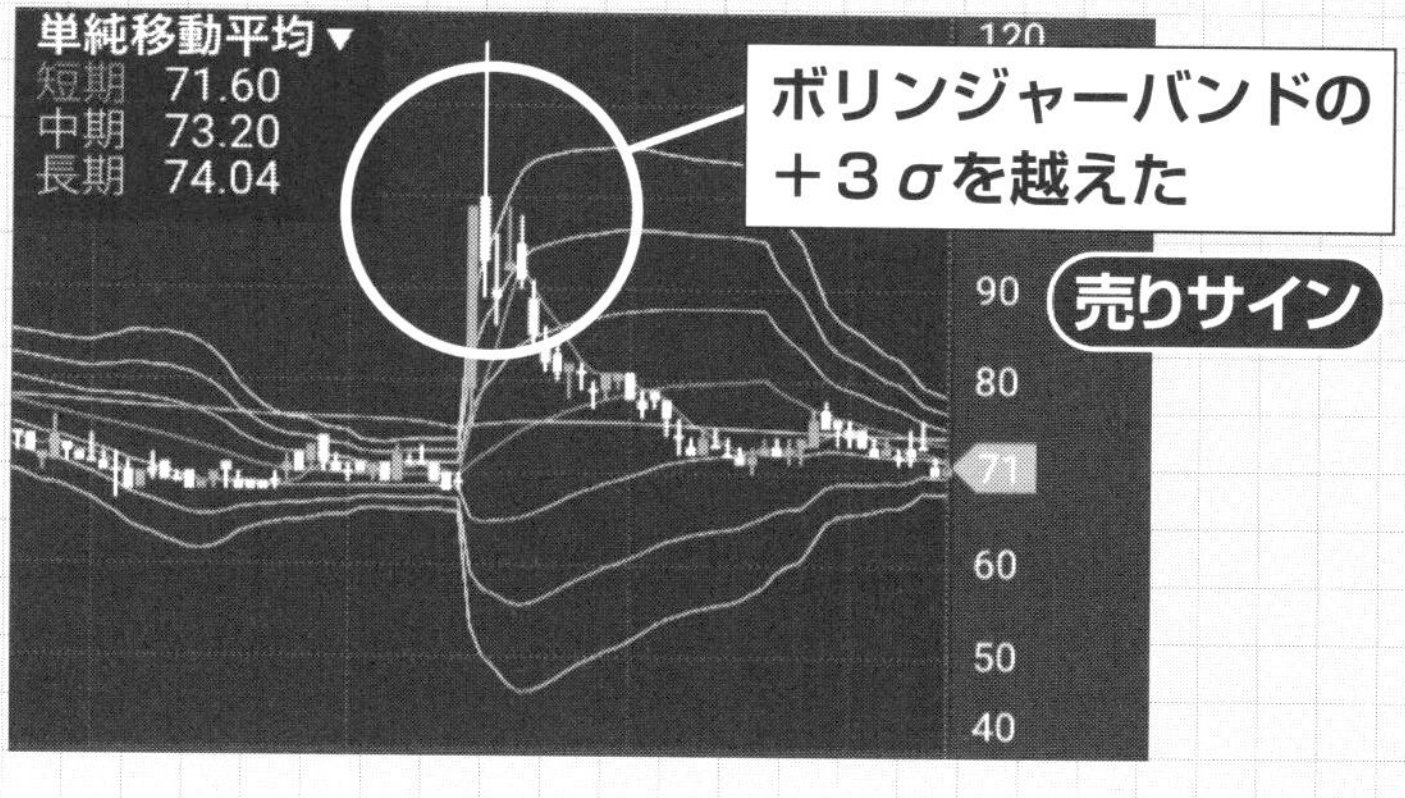

株式投資をやってみよう その10

売り方はかんたん②
ボリンジャーバンドとストキャスティクスの売りサイン

次は「ボリンジャーバンド」と「ストキャスティクス」を用いて、「売りシグナル」を探してみましょう。

左ページのチャートをご覧ください。6本のボリンジャーバンドが雑巾をギュッと絞るかのように、上下とも狭くなっているところがあります。前述の「スクイーズ」です。

これは買い圧力と売り圧力が均衡して、値動きが小さくなっていることを意味しています。売買のエネルギーが蓄積されている状態で、ひとたび、株価が動くと、上昇、下降、いずれにもトレンドが大きく走り始める可能性が高いのです。

それだけに極めて面白い局面であると言えます。スクイーズの状態から急に上昇が始まったら大きく上昇することが多いので、毎日チェックをかかしてはいけません。

その時は同時に「ストキャスティクス」も確認しましょう。「ストキャスティクス」は、RSIと同じく、株の「買われ過ぎ」「売られ過ぎ」を判断するオシレーター系の指標です。100%に近いほど、現在のレートは買われ過ぎ、0%に近いほど、現在のレートは売られ過ぎを意味しています。

「%K」「%D」、ともに上部70%のゾーンにあります。明らかに「買われ過ぎ」です。

両面から判断して、この局面はやはり、「売りシグナル」であると解釈されます。この2つのシグナルを見ていくと売買タイミングがシンプルになって便利です。

売りのサインを探そう②
ボリンジャーバンドとストキャスティクス

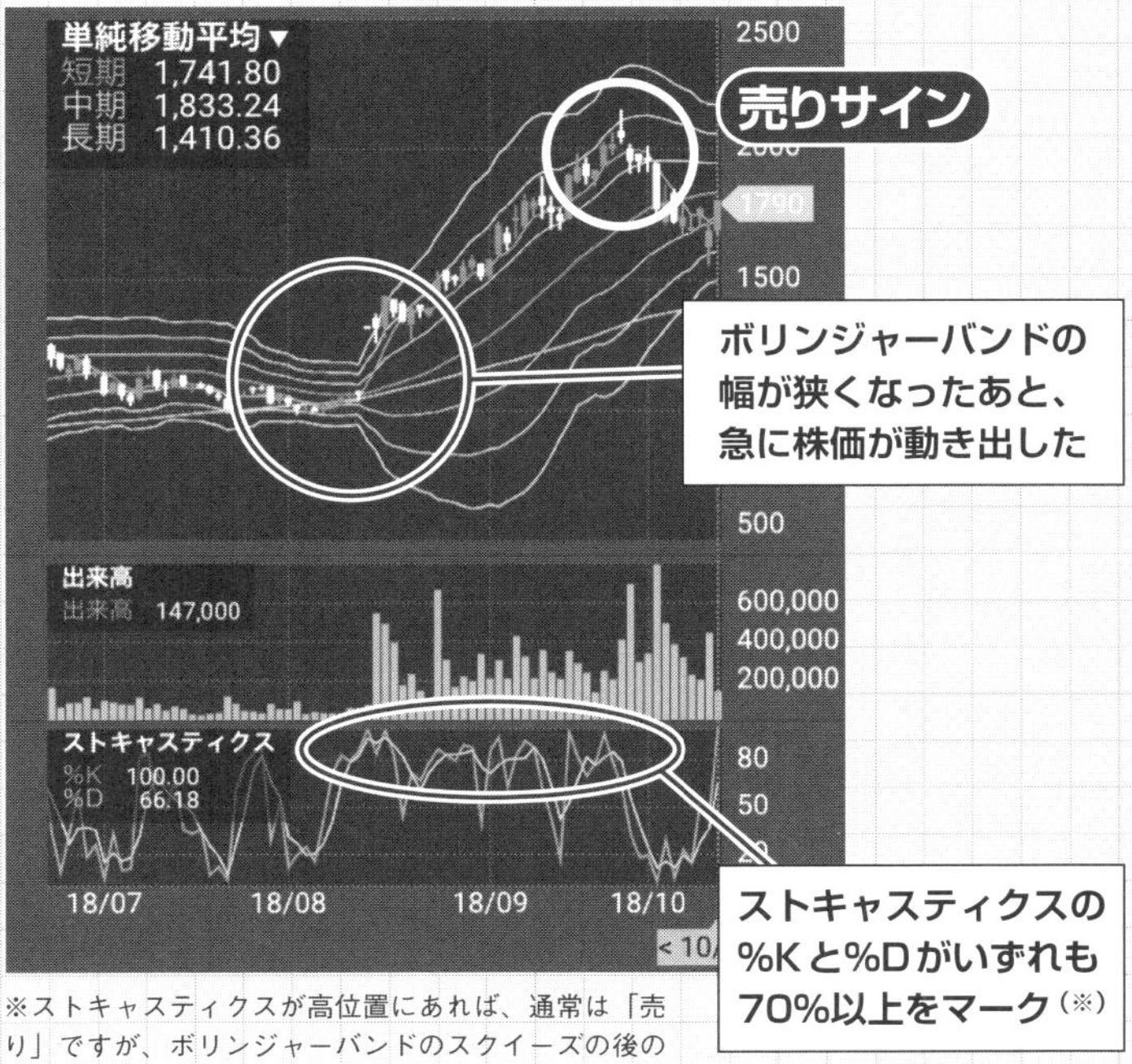

※ストキャスティクスが高位置にあれば、通常は「売り」ですが、ボリンジャーバンドのスクイーズの後の上昇中なので、このように様子を見ることがあります。

平日忙しいという方も、
この2つのサインだけは
必ずチェックしましょう！

株式投資をやってみよう その11

売り方はかんたん③
「板」の売りシグナル

「板」の見方を少しおさらいしましょう。

中央に「気配値(円)」、左側が「(売り数量)売り板」、右側が「(買い数量)買い板」です。「板」を見れば、その銘柄のどの株価に、売りたい人がどれだけいるのか、買いたい人がどれだけいるのか、一目で分かります。

「板」情報を眺めて、売りたい人の注文数より、買いたい人の注文数がはるかに多ければ、その銘柄は今後、上昇していくと判断できます。逆も同じです。

このように「板」は、買いたい勢力と売りたい勢力のパワーバランスを簡単明快に表しています。

「OVER」と「UNDER」は、表示されている価格帯の上下にも、買い注文・売り注文が出ているということです。左ページの「板」では、「買い板」より、「売り板」の方がずっと厚くなっています。買いたい人より、売りたい人が多くて、より多数の売り注文が発せられているということです。

つまり、この先、この銘柄の株価は下落していく可能性が高いだろうということで、「売りシグナル」です。

ひとつだけ気を付けてほしいのは、「板」には「成行」の注文が反映されないということです。

値段を指定しない「成行」注文は、その注文が「板」情報に反映されるより早く、約定が成立してしまう事になるのです。

また、売買ともに注文数が少ない時、「成行」で注文を入れると、一気に値が動いて、思わぬ価格で約定することがあるので要注意です。

売りのサインを探そう③
板情報の売りサイン

売りサイン

明らかに買いの注文より売りの注文の方が多い

98000	OVER	
8700	5040	
9600	5035	
16000	5030	
25100	5025	
8000	5020	
10100	5015	
10600	5010	
5000	5005	
	5000	100
	4995	100
	4990	300
	4985	100
	4980	200
	4975	200
	4970	100
	4965	100
	4960	300
	UNDER	2500

買いの注文は売りの注文と比べるとケタが圧倒的に少ない

株式投資をやってみよう その12

売却のタイミングは「%」で設定
購入も売却も機械的にやろう

「機械的に」ということは、つまり、人間の感情を交えないということです。

「株が10%上がったら、利益確定」「5%下がったら、損切」、そんな自分なりのルールを決めておいて、トレードでは忠実にそのルールを守り続けることです。

トレードに慣れてきたら、ルールを変更して、ボリンジャーバンドやストキャスティクスの数値で、買値・売値を決めるようにしてもいいでしょう。

人間は弱い生き物。買った株が上昇している時、「まだまだ、上がるかもしれない」と欲を出したり、買った株が下がり始め、「どうしよう。今、売っておくべきか？　でも、もしかしたら反騰《はんとう》するかもしれないし……」と不安を抱いたりします。

株とは、「買い」より、「売り」の方がずっと難しいものです。予想通りに株価が動いていかなかったら、さっさと見切りをつけて、新しい銘柄に乗り換えた方が、精神衛生上、ずっと楽でもあります。

経験を重ね、少しずつ、勝ちパターンを蓄積していけば、自分で決めたルールをより有利に機能するように、修正していくこともできるようになっていきます。

「勝率が悪いから、利確10%、損切－10%を、利確5%、損切－5%に設定変更しよう」とか、「損切は－5%。しかし、同時に必ず、逆指値注文を入れる」など、あなたが投資家としてスキルアップしていくのに合わせて、自分が決めるルールも、より高度で実践的なものに変わっていくはずです。

投資で勝つための鉄則「自分のルール」を作ろう！

売り時のルール

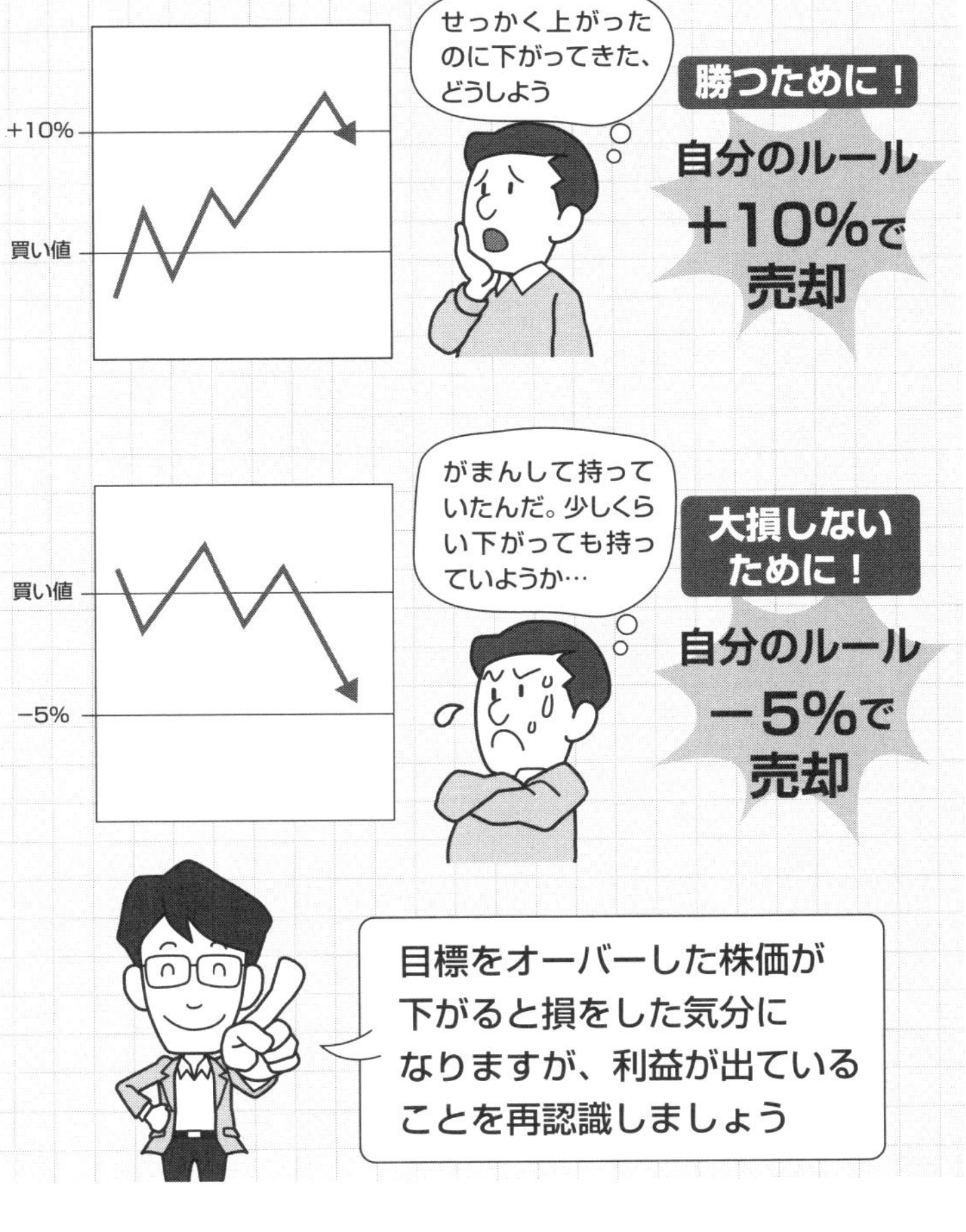

コラム5

スマホの紛失・盗難への対応策

「スマホで株取引」を実行する時、最大の脅威とは何でしょうか？

答えはとてもシンプル。「スマホを落とすこと」です。悪意のある第三者に操作され、証券口座にある資金を勝手にボロ株に投入されてしまうなど、極めて悪質ないたずらに遭う可能性があります。

以前、ＫｉｎｄｌｅやＫｏｂｏといった電子書籍端末を戸外へ置き忘れたせいで、他人に不正操作され、高価な百科事典や専門書など、数十万円分のデータを勝手にダウンロードされてしまったという記事を読んだことがあります。その気の毒な被害者は、配信会社に連絡を取って事情を説明し、何とか支払いを免除してもらうことはできたそうなのですが……。

「絶対、スマホを落としたりしない」

これだけは注意してください。よくスマホをなくすクセがある方は、スマホをストラップホール付きのケースに入れて、ストラップをつけてなくしづらくする方法もあります。

アプリのログインには、「ＩＤ」と「パスワード」が必要ですが、アプリにはこれを登録しておく機能があります。毎回、「ＩＤ」と「パスワード」をいちいち入力するのは面倒くさくて、アプリに「登録」しておく人も多いことでしょうが、大切なお金を守るためにも、登録せずに毎回、きちんと「ＩＤ」と「パスワード」を入力するように心がけましょう。また、スマホ本体のロックは確実にかけておきましょう。仮にスマホを紛失してしまったら、直ちに証券会社に連絡して、「パスワード」を変更してください。

第五章
一生続けるための
必勝ルールとコツ

株式投資で勝つために…その01

逆指値注文を賢く使って取引

売買はスマホに任せて仕事する！

逆指値通常注文とは、「指値」と「逆指値」を組み合わせて売買の発注をするやり方です。「○○円以上で買い」「○○円以下で売り」という通常の指値注文と併せて、「○○円まで上昇したら、売り」「○○円まで下落したら、売り」という注文を同時に出すことができます。

これは、その銘柄が指値まで上昇したら、注文が執行され売却でき、一方、逆指値まで下落したら注文が執行され、売却できるということです。

例えばあなたが株価500円の銘柄を保有しているとして、600円に上昇したら売ってもいい。一方で下落するようなら、400円で損切したいと考えているとします。

そんな時、逆指値付通常注文を使います。まず、「600円で売却」という指値注文を出しておきます。その一方で「400円まで下落したら、成行で売却」という逆指値の注文を同時に出しておくのです。

そうすれば、株価が上昇して600円になったら、600円で売れるし、逆に400円まで下落してしまったら、「600円で売却」という指値注文は無効となり、「400円で売却」という逆指値注文が執行されるわけです。

使いこなせれば、とても便利な注文の方法で、利益確定の売り注文と損切の売り注文を同時に発注することができます。「逆指値通常注文」を使えば、株の売買をスマホに任せて本業に集中することができるわけです。

「逆指値付通常注文」で安心
スマホを使った自動売買のススメ

【買い値の－５％が目安】

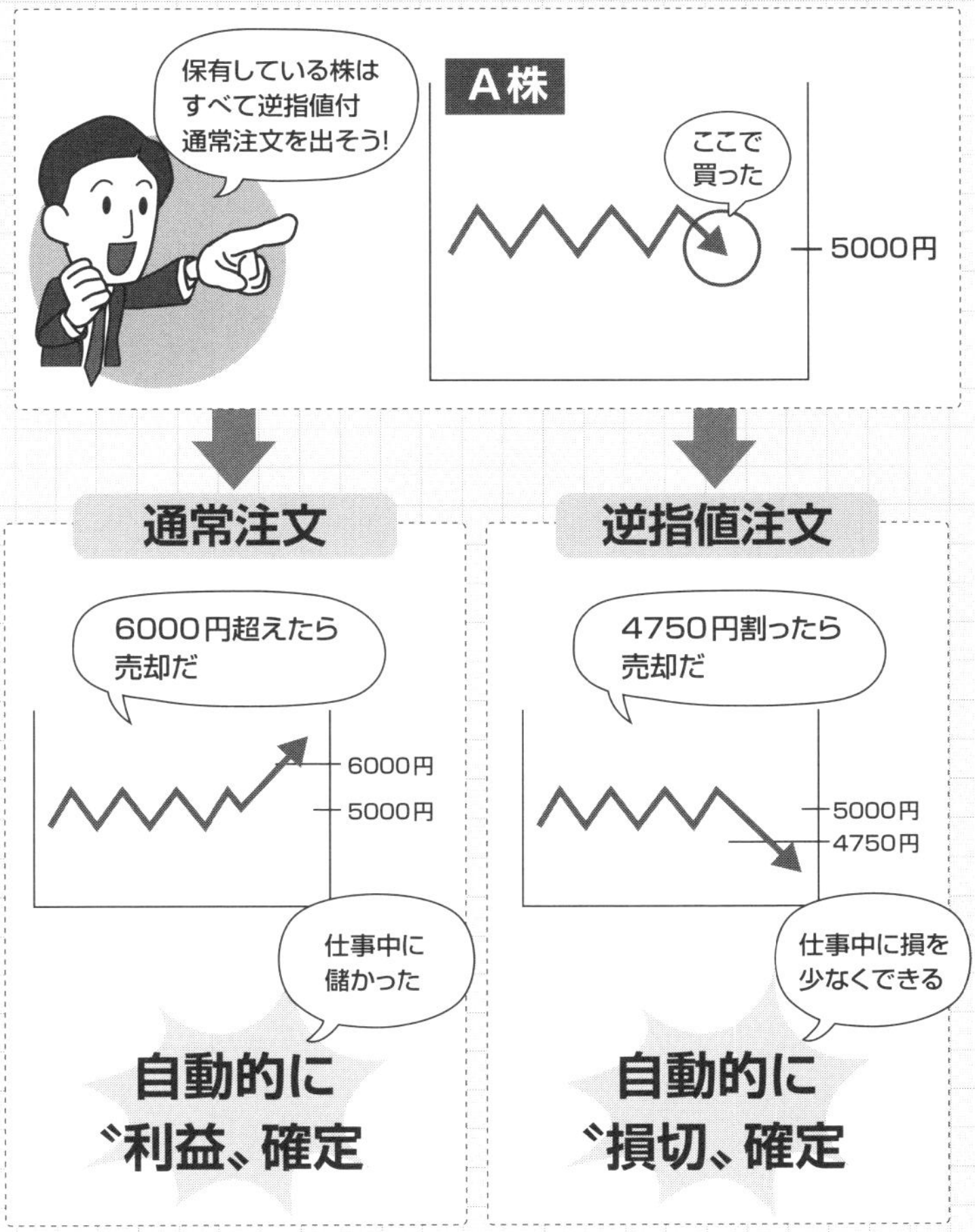

株式投資で勝つために…その02

本業を忘れるほど没頭するのはNG
株に生活を支配されてはいけない!

株式投資はギャンブルではありません。

しかし、自分の判断ひとつで大金を得たり、失ったりするわけですから、ギャンブル同様、中にはとても「熱く」なってしまう人も少なからず存在します。

いわゆるビギナーズラックで、ろくろく証券市場のことを知りもせずに買った株が上昇して利益を出してしまった人がそうなる傾向にあります。

「なんだ、こんな簡単に儲かるのか?」

そんな乗りで本格的に株の売買を開始し、トレードの面白さや熱気にあおられてどんどんポジションを膨らませていって、いつしか本業そっちのけで株にはまり込んでしまう……。

しかし、株価とは思惑通りに動いたりはしないものです。株価が下落したので、ナンピンを入れたら、さらに勢い良く下がり続けるとか、売った途端、翌日から連日の「ストップ高」とか、そんなことを繰り返していては、頭がおかしくなります。また、自由時間はずっとPCに張り付いたままなので、健康を損なうケースも多いようです。

あるいは、会社を定年退職して高額の退職金が手に入ったので、いきなり気が大きくなって、証券マンのアドバイスに従って株を買い、大きな損失を出してしまう。

株式投資は慌ててやるものではなく、じっくり自分のやり方を見つけるまで少額の売買をたくさん繰り返すことが大切です。気になる10銘柄くらいをまずはじっくり見ていきましょう。

株式投資はハマり過ぎず「ながら」でやるくらいがいい

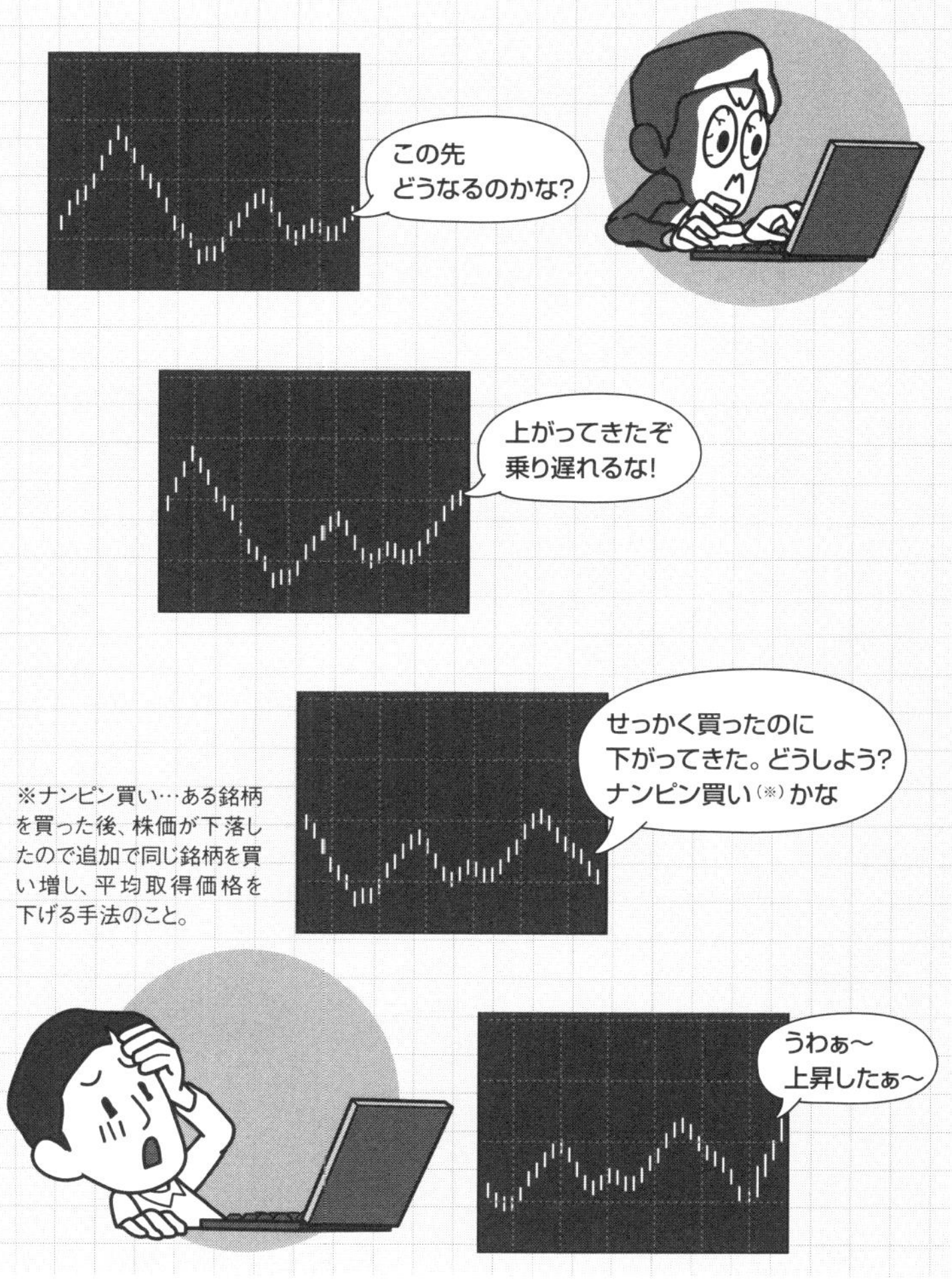

株式投資で勝つために…その03

幸せなお金持ちになるために… 投資の習慣化と資金の管理を徹底しよう！

何のために株式投資をするのか？　その答えは「幸せなお金持ち」になるためです。

お金持ちになる第一歩は、まず貯金する習慣をつけることです。貯金をすることには、節約に励む、安易に散財に走らないなどの習慣をつけるメリットがあります。

そうやって貯まったお金の中から、その一部を投資に回すようにするのです。

お金を借りて株式投資など、もってのほかです。

そしてコツコツ貯金をするのと同じく、毎月、少しずつ株式に投資する資金を上乗せしていくといいでしょう。毎月、1万円でも2万円でも投資できる金額を増やしていくことで、それまで手の出せなかった優良で高額な銘柄を購入できる選択肢が増えていきます。

ここでも大切なのは、自分のルールを決めること。「今、100万円の貯金があるから、半分の50万円を株式に投資しよう」。もちろん、そのルールは自分の収入や年齢などを十分に考慮したうえで決めてください。ルールを決めたら、毎月の余裕資金のうち、50％を銀行口座に残して、残りの50％を証券口座に入金する。こうやって、少しずつ、株式に投資できる資金を増やしていく。購入できる銘柄の選択肢が増えていく。ポジションが大きくなれば、投資の楽しみも大きくなっていきます。

一方で日常生活を損なわないように、生活防衛費をきちんと確保しておく。これが賢い株式投資のやり方だと思います。

株式投資の勝利の鉄則は「投資の習慣化」と「資金の管理」

【投資を習慣化すべし】

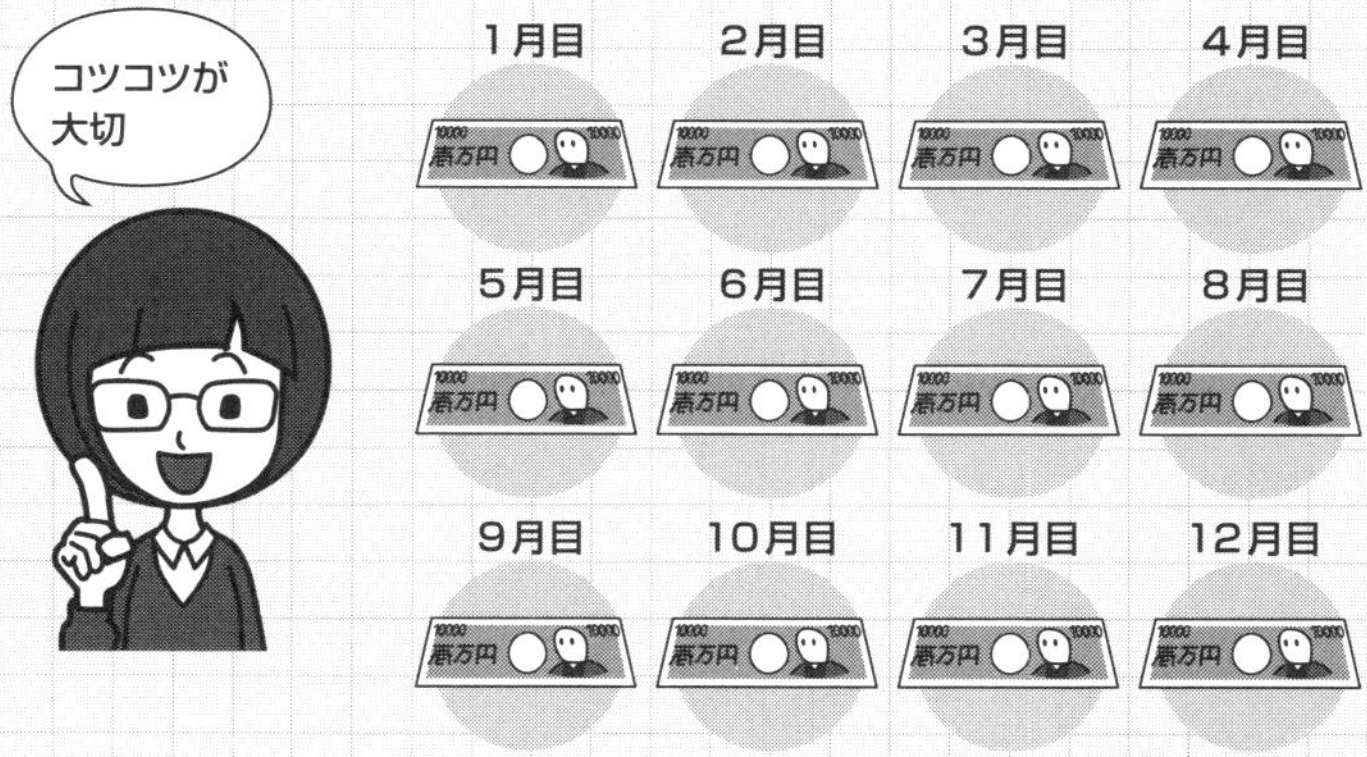

1年間で12万円の投資達成！

【資金管理を徹底すべし】

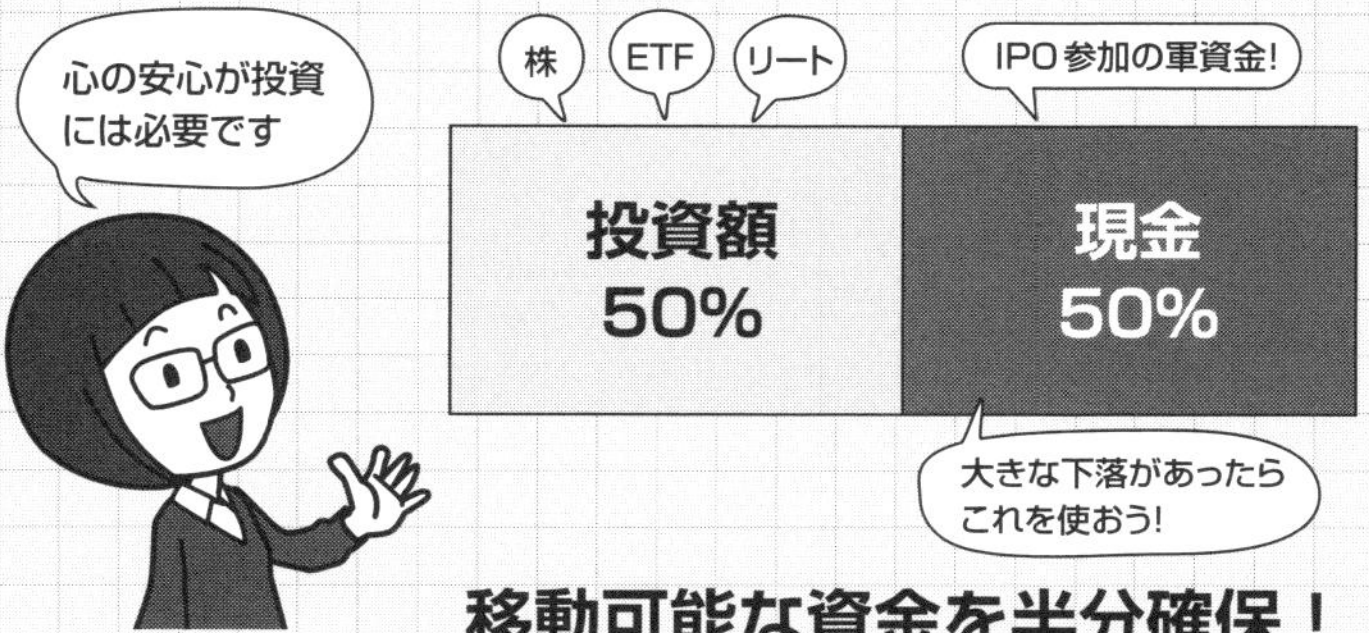

移動可能な資金を半分確保！

株式投資で勝つために…その04

利益100万円までは使わない勇気

積み上げた自信がさらなる収益を生む

株式投資を始めて、少し利益が出ると「自分へのご褒美」として、高級レストランで会食したり、ブランド物のバッグを買ったり、海外旅行をしたりする人たちがいます。

それはそれで株式投資の楽しみとして結構なことなのですが、株で利益が出たら、すぐに使ったりせず、それをさらに投資に回せば、投資の原資そのものが大きくなり、利益も大きくなっていきます。

貯金には「100万円の法則」というものがあるそうです。100万円までは貯めるのがとても大変。

しかし、100万円まで貯めることができれば、それから貯金が急スピードで増えていくことが多いそうです。これは、「自分でも100万円、貯められた」という自信が生まれて、さらにがんばってお金を貯めようという新たな意欲が湧いてくること。

そして、100万円という区切りの単位を取り崩したくないという心理が働いて、お金を減らさないように無駄遣いをやめ、倹約等に励むようになること。

この両面の心理効果によって、100万円貯めることができた人は、その後、どんどん貯金が増えていく……。これが「100万円の法則」です。

株式も同じこと。株の売買で利益を上げ、それが100万円まで積み上がったら、自信が付き、減らしたくないという意識が生まれ、そこからさらに収益を上げるように努力ができるようになるはずです。

まず、100万円を目指して頑張りましょう。きっとそこから新しい世界が見えてきますよ。

100万円貯まれば世界が変わる 貯金＆株式投資100万円の法則

貯金100万円の法則

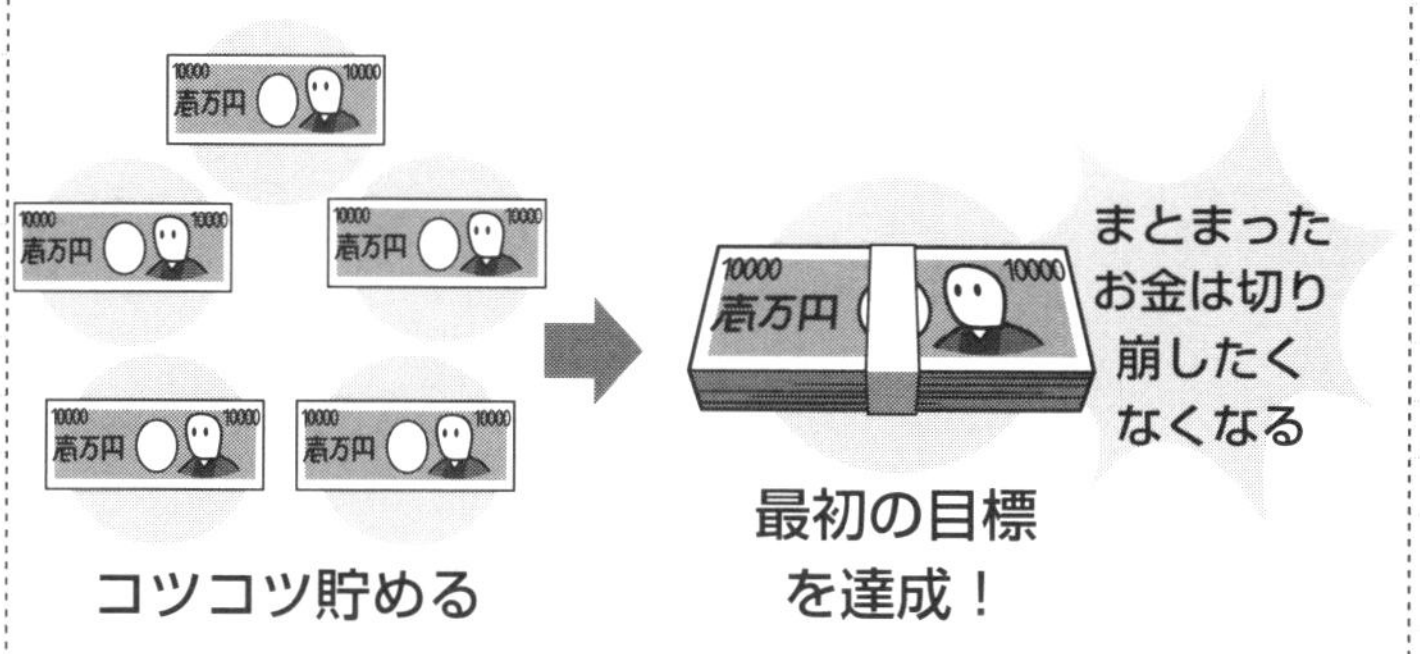

壱万円
10000
コツコツ貯める
最初の目標
を達成！
まとまった
お金は切り
崩したく
なくなる

株式投資100万円の法則

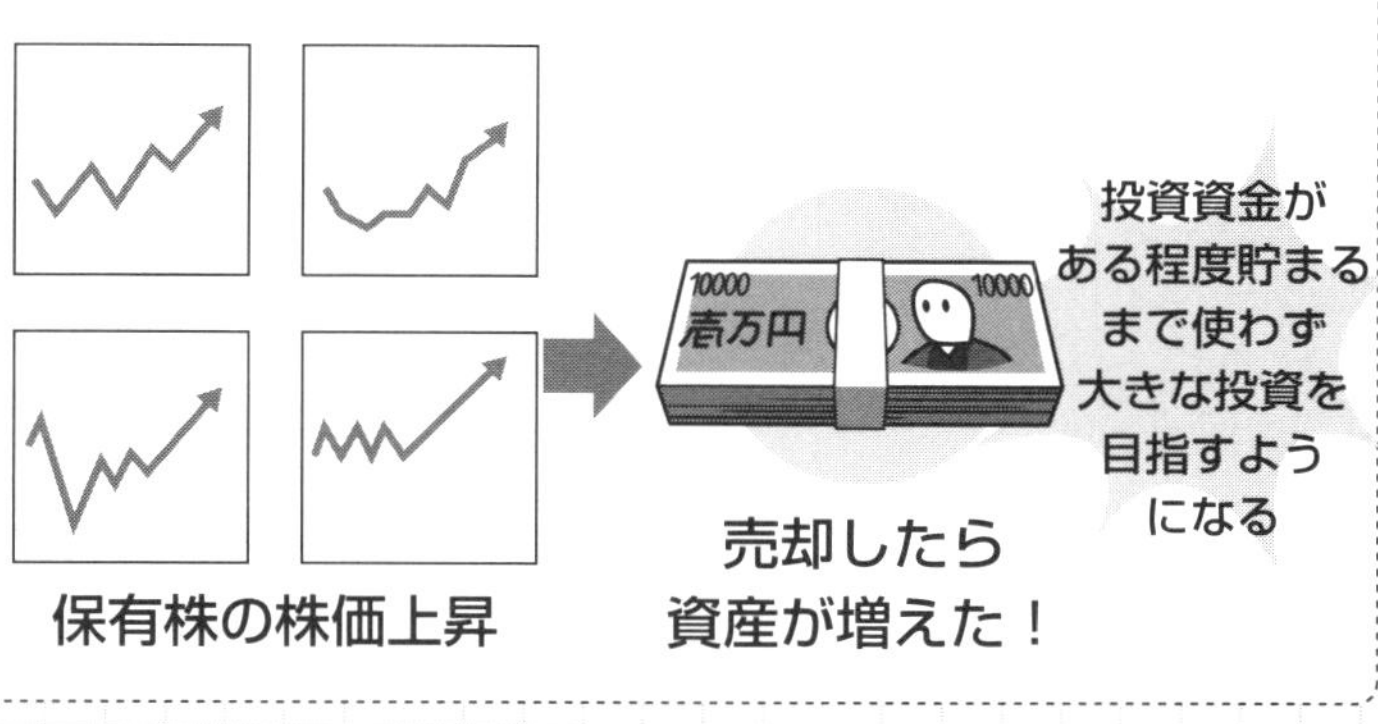

保有株の株価上昇
壱万円
10000
売却したら
資産が増えた！
投資資金が
ある程度貯まる
まで使わず
大きな投資を
目指すよう
になる

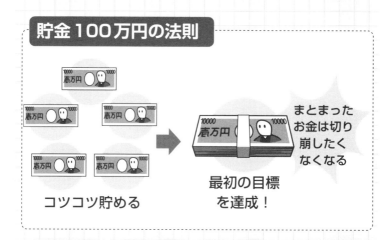

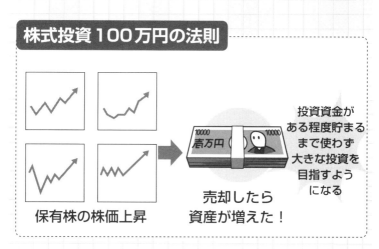

株式投資で勝つために…その05

なんでも持っていれば上がる…わけない 株価の値動きを見極めよう

ある企業の業績が「過去最高」と発表された直後から、株価が大きく下落してしまう。

それは市場が「あの企業は業績がいい」と認識していて、株が買いこまれていて、発表の時点で、投資家たちは好材料が出尽くしたと判断し、利益確定のために売りに回るからです。

逆に、ずっと業績不振にあえいでいた企業が、赤字から黒字に転換する時は狙い目です。安値に放置されたままだった銘柄に、投資家たちの関心が集まるからです。

ずっと「無配《むはい》」だった企業が、配当金を出し始めた時も狙い時です。

また、ある企業の業績が市場の予想を超えて好調であった時などは予想外のサプライズと受け止められ、大きな買い材料になります。この時、この企業の同業他社の株まで、大きく買い進まれることがあります。投資家が、「こちらでも好業績が出るのでは？」と期待するからです。

これを「出遅れ銘柄」と言います。この「出遅れ銘柄」をほかの投資家より早く見つけ出すことができれば、大きな利益を上げるチャンスをつかむことができます。

逆に不祥事が露見して、ある企業の株価が大きく下落すると、その同業他社の株価まで下落するパターンも多く、発生します。これを「ツレ安」と言います。一時的に売られ、株価は下落しますが、実態を反映したものではないので、すぐに反騰することが多く、買い材料になります。

いろいろな原因で株価は変わる

【株価は生きている】

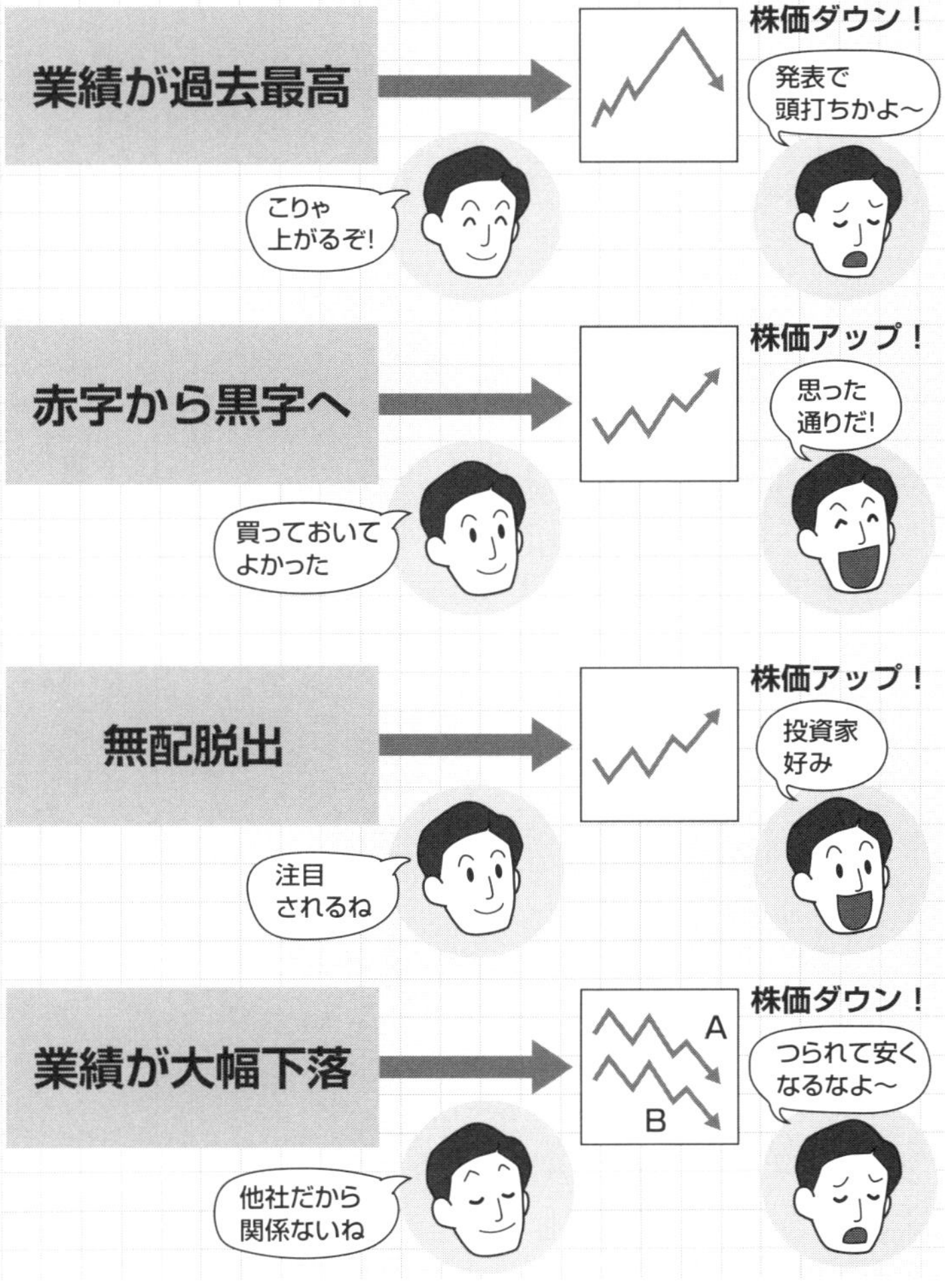
業績が過去最高
株価ダウン！
発表で
頭打ちかよ～
こりゃ
上がるぞ！
赤字から黒字へ
株価アップ！
思った
通りだ！
買っておいて
よかった
無配脱出
株価アップ！
投資家
好み
注目
されるね
業績が大幅下落
株価ダウン！
A
B
つられて安く
なるなよ～
他社だから
関係ないね

株式投資で
勝つために…
その06

ルールを設定して感情をコントロール

自分だけのルールを必ず作ろう

株式投資とは、「買い」と「売り」で成立しています。人間とは弱いもので、買った株がどんどん上昇している時、「まだまだ、上がりそうだ」「いや、そろそろ売っておかないとやばいかな」という迷いが生じるはずです。

「ここで利益確定だ」と株を売却したら、その後もどんどん株価が上昇し、「ああ、大儲けのチャンスを逸した」と後悔することもこれからたくさん体験することでしょう。

買った株が下落していく局面では、「すぐに売却しないと大損するかも」「いや、やがて反騰して買値まで戻すかもしれないし」という迷いが生まれます。

株の下落でパニックになって、慌てて売却したら、すぐに回復して株価は急上昇という結果に終わるかもしれません。

「10％以上、上昇すれば利益確定」「5％下落すれば損切」

自分で決めたルールを厳格に守り、買値の10％の上昇で利益確定。たとえ、それ以上、高騰したとしても、それは「自分には関係のないお金」として、あっさり諦める。逆に買値の5％の下落で損切、その後、株価が反転したとしても、それも「自分には関係のないお金」として頭の中を切り替えることが大切です。

投資家にとって最も大切な感情のコントロールを保つため、自分だけのルール、自分だけの売買シナリオを持つことは、本当に重要なことなのです。

投資に勝てる人は自分のルールを持っている

【投資家は悩む】

自分のルールを作っている → 勝てる人

（例）
・買い値より10％以上上昇で売り
・買い値より5％下がったら売り
・ボリンジャーバンド＋3σ到達で売り
・ボリンジャーバンド－3σを越えたら売り
・包み線出現で売り

気分的、放置的で自分のルールはない → 負ける人

（例）
・売りも買いも気分次第
・チャートや指標は気にしない

自分のルールを確立させるために少額投資をたくさんやってみましょう

株式投資で勝つために…その07

値下がりのダメージを最小限に…「損切」は必ずマスターしよう

株価が下落して損失が出たなら、それをいかに最小のダメージで終わらせるかというのは、株式投資にとって最も大切なことです。

「株価が10％以上下落したら、売却」「株価がボリンジャーバンドの＋2σに達したら、売却」といったマイルール・売買シナリオに基づいて、下落した銘柄にさっさと見切りをつけて、別の銘柄に乗り換えていく。しかし、分かっていても、これが難しい。「お金を失いたくない」という心理が働き、なかなか、損切《そんきり》に踏み切ることができない。

かつて、「個人投資家の場合、損切など必要ない」と明言した評論家がいました。

しかし、それは10年、ホールドすれば、株価が2倍、3倍になった高度成長期のことであって、「塩漬けにしておけば、やがて株価は回復する」と期待できた時代のことです。

低成長の時代、かつての経済の拡大は期待できません。また、コンピューターが発達し、売買のスピードが極めて高速化しています。

株価下落の速度もかつてより、ずっと早くなっています。塩漬け株が買値の半分までになってしまっては、なかなか回復は期待できません。

だからこそ、「○％下落したら、損切」というマイルールに従って、潔くその銘柄を手放し、資金をほかの有望な銘柄に投資する方がずっと有利であると言えます。

トータルで収益のプラスを出すために「損切」という手法は絶対、マスターしましょう。

早めの決断で損失をカット
損切できる人が本当の投資家

例：買値の－5%が目安

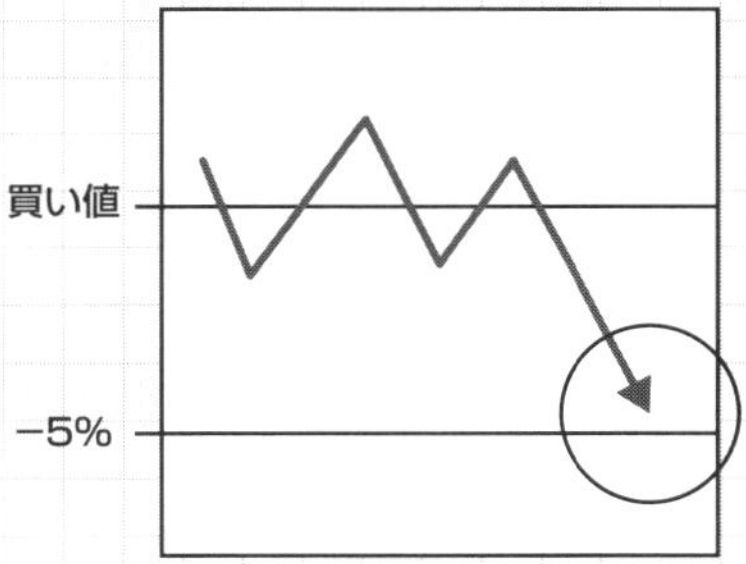

買い値より5%下がったら
売却して損切するのが
自分のルール

損切のルールを決めないと…

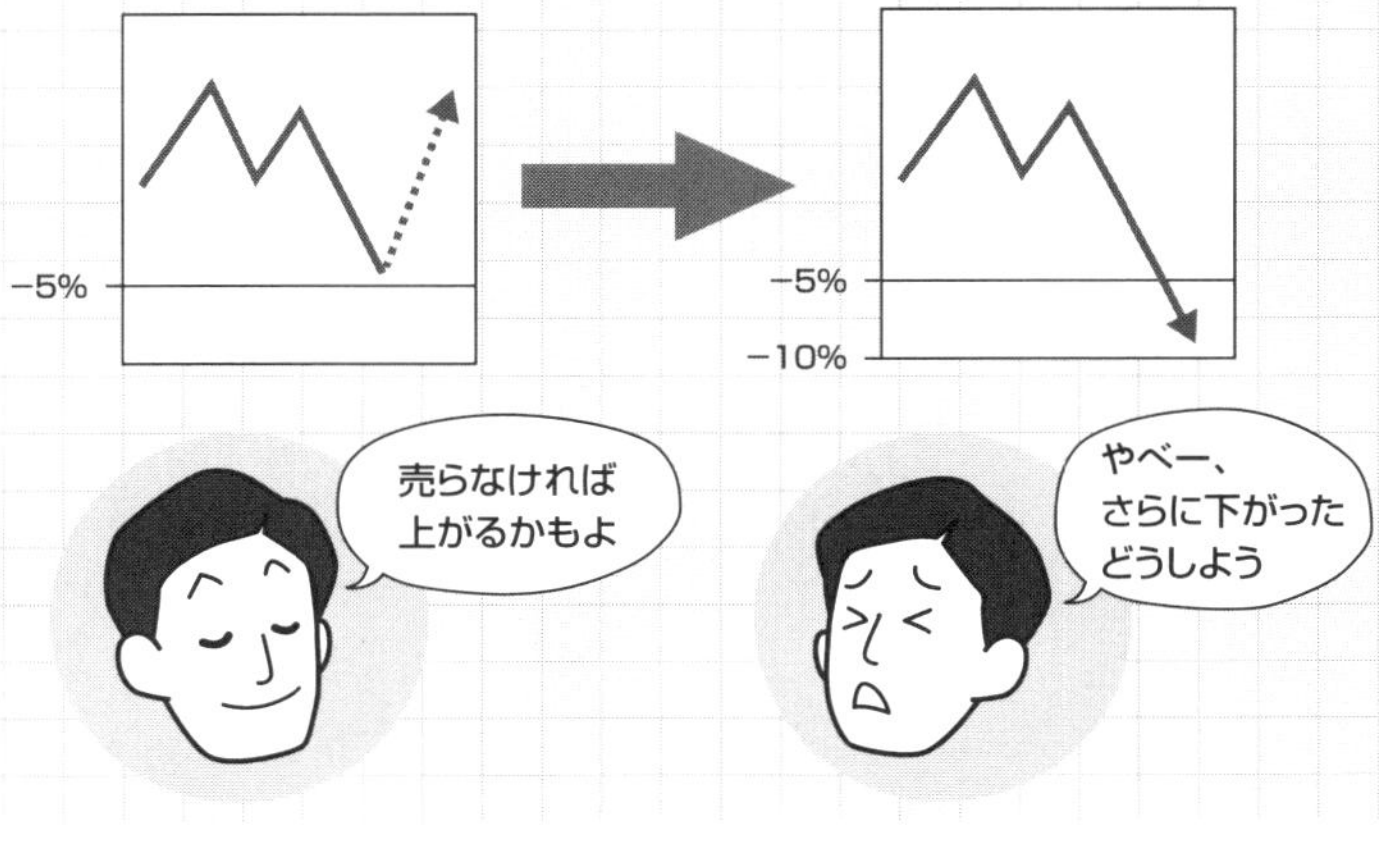

株式投資で勝つために…その08

売買益は嬉しい、配当・優待は楽しい
10万円以下の高配当&優待付き銘柄もある

株式投資の最大のだいご味は売買益、つまり、キャピタルゲインを得ることです。

ほかにも、株式投資には、配当金(インカムゲイン)を受ける、株主優待というおまけをもらうという楽しみがあります。会社によって配当金が保有株の5%以上つくところもありますから、この超低金利の時代、かなり魅力的です。銀行の普通預金の金利は0・01%。100万円預けても、利子は100円です。これに対してメガバンクの配当は4%を超えているところもありますから、100万円分の株を持っていれば、4万円ほどの配当を受け取ることができます。

そして株主優待。株主は、自社製品や割引券、サービスを受けることができます。100株以上、1000株以上と保有している株が多くなれば、それだけ優待の内容も豪華になります。

例えば、キーコーヒー(2594)ならば、100株以上で1000円相当、300株以上で3000円相当、1000株以上で5000円相当の自社製品詰め合わせセットがもらえます。

しかし、配当・株主優待はおまけと考えた方がいいでしょう。銘柄選定の本質は、あくまで値上がり益(キャピタルゲイン)を狙うことです。ちなみに増配(配当金が増える)は、買いシグナルです。

某有名投資家は、「株主優待に力を入れる企業は良い会社だから、指標を見て良好ならば買うことにしている」と言っていますが、それも個々の投資ルールということになります。

10万円以下で買える
高配当＆優待付き銘柄

【10万円以下の高配当株】

コード	銘柄名	市場	株価	利回り（%）
3294	イーグランド	東証1	736.0	5.43
1929	日特建設	東証1	750.0	4.93
8601	大和証券グループ本社	東証1	652.3	4.51
3299	ムゲンエステート	東証1	668.0	4.49
8616	東海東京フィナンシャルHD	東証1	613.0	4.40
8848	レオパレス21	東証1	500.0	4.40
8940	インテリックス	東証1	798.0	4.26
8358	スルガ銀行	東証1	507.0	4.16
7593	VT　HD	東証1	482.0	4.15
2362	夢真HD	JASDAQ	965.0	4.15

※データは2018年11月6日時点

【株主優待を出している10万円以下の主な銘柄】

コード	銘柄名	必要株数	購入必要額	優待内容
7513	コジマ	100株	47,800円	買い物券（1000円～）
9278	ブックオフコーポレーション	100株	74,200円	買い物券（2000円）
7868	廣済堂	100株	45,100円	図書カード（500円～）
3377	バイク王&カンパニー	100株	18,300円	バイク割引き券（1万円）
9973	小僧寿し	500株	38,500円	サービス券（100円）100枚
3280	エストラスト	100株	78,200円	2000円相当のクオカード
3289	東急不動産HD	100株	64,700円	ホテル宿泊優待券など
9324	安田倉庫	100株	87,200円	おこめ券（2kg分）
3205	ダイドーリミテッド	100株	36,700円	4000円相当の自社商品
7840	フランスベッドＨＤ	100株	95,200円	5000円相当の利用券

※データは2018年11月7日時点

株式投資で勝つために…その09

調子が悪い時はあえて休むのもひとつ「休むも相場」の精神を忘れずに…

株式相場には、昔からいろいろな格言が存在します。

その中で、私たち個人投資家が最も肝に銘じるべき金言は、「休むも相場」だと思います。

株の投資家には、2種類あります。ひとつは我々、個人投資家。もうひとつは、機関投資家と呼ばれる「株のプロ」たちです。機関投資家たちが持つ資金・情報・経験、どれをとっても、我々、個人投資家が勝てる要素などひとつもありません。彼らは金融機関で投資部門に配属され、経験を積み、世界の投資市場で戦って頭角を現してきたスーパーエリートたちだからです。

実は彼ら、機関投資家たちにも弱点があるのです。それは、機関投資家は、常に相場を張り続けなければならないことです。

これに対して、個人投資家には「待つ」という最大の武器があります。つまり、勝てる見込みの高い相場まで、ずっと投資のタイミングを待ち続けることができるということなのです。

２００８年10月、日経平均株価は６９９４円の最安値を付けています。もし、このタイミングで株式投資を始めていれば、インデックスの投信を買っていても、資産は3倍になっていたことでしょう。我々、個人投資家はこういう絶好のチャンス到来まで辛抱強く待ち続けることができます。

日経平均が下げ基調で、地合いが思わしくない。そんな時は、チャートを見ない日を作るのもいいでしょう。株式投資には気分転換も必要です。

株式投資を長続きさせるコツは「休むも相場」の精神

機関投資家

↓

毎日市場と
戦うのが仕事

↓

**全営業日
稼働**

↓

心休まらず

個人投資家

↓

本業の仕事
家事の合間に
する投資

↓

**投資は
休んでもOK**

↓

休むも相場

株式投資で勝つために…その10

利益が生まれる確率は驚きの95%

ＩＰＯへの申し込みにも挑戦してみよう

　これまで株式を公開してこなかった企業が、証券市場に自社株を上場させることをＩＰＯ（新規公開株）と言います。ＩＰＯ株は上場直後に高値を付けることが多く、短期で利益を上げられる可能性が高く、申し込みが殺到するため、ネット申し込みでは抽選が行われ、当選した投資家にだけ、ＩＰＯ株が配分されます。ＩＰＯ株は、幹事証券を通じて一般の投資家たちに公募がかけられ、この公募で決まった価格は「公募価格」と呼ばれます。新しく株を上場する企業の株は、上場日に証券市場で売買され、この銘柄の最初の株価が決まります。この株価は、「初値」と呼ばれます。

　もちろん、「初値」が「公募価格」を下回ることもあるのですが、２０１８年、45社が自社株を公開し、すでに4社が１００万円以上の１００株利益をあげています（２０１８年10月末時点）。

　上場前に「公募」で手に入れたＩＰＯ株を、上場後に売るだけで利益が出るわけですから、人気が集中して当然ですね。

　ＩＰＯ株は、あらかじめ各証券会社への配分が決まっていて、割り当てのある証券会社に口座を持っていないと、配分自体が受けられません。この時、最も配分の割合の高い証券会社を「主幹事《しゅかんじ》」と言います。ＩＰＯ株の抽選を目的として、複数の証券会社に口座を持つ投資家も大勢います。ネット証券会社では、ＩＰＯ株の抽選に外れるたびにポイントが貯まり、ポイントを使えば当選の確率が高くなっていく仕組みになっているところもあります。

儲かる確率が94%!?
IPOは狙い目の投資です

【IPOは儲かる確率が高い】

すでに上場している会社3640社
※2018年11月6日現在

これから上場する会社 ＝ IPO（新規公開株）

➡ 2018年は69社のIPOがあり初値で利益が生まれた確率は 94%

※2018年10月末現在

【IPOの申し込み、購入、売却】

①
新規公開する会社の主幹事、幹事証券会社に口座を作っておく

➡ ②
電話、ネットにて申し込み
・銘柄名　・株数
・購入希望額

➡ ③
配分結果は担当者からの電話連絡または証券会社の個人のページに通知

➡ ④
購入必要金額を入金

➡ ⑤
株式公開日から売却可能

株式投資で勝つために…その11

長期保有か、それとも少しずつ買い増すか
投資は自分に合ったスタイルで！

一週間程度の短期スイングトレードをお勧めしてきた本書ですが、株を長期ホールドすることのメリットにも触れておきたいと思います。長期投資は、その会社の成長をじっくり見守るという投資スタンスなので、短期的な値動きに一喜一憂する必要がありません。株を長期にホールドするなら、ファンダメンタル分析を行って、大型株で配当金の多い銘柄を選ぶといいでしょう。

大型株は値動きは小さいけど、それだけ経営が安定して倒産の心配がありません。「Ｙａｈｏｏ！ファイナンス」などの株式情報サイトで、配当金ランキングを簡単にチェックすることができます。

加えて、優待というおまけもついてくるなら、銀行金利よりずっと有利です。企業の業績をチェックして、昨年の業績、今年の業績、来年の業績予想、この3年間の数字が増加する会社がベターであると思います。証券市場を取り巻く経済状況があまり芳しくなく、積極的に売買する材料に乏しい時、大型優良株の長期ホールドは、魅力的な投資スタイルであると言えます。

ある銘柄を５００株、買いたいという時、一気に５００株全部を買うのではなく、１００株を5回に分けて買うというやり方もあります。株価とは予想通りにはいかないもの。買ってすぐに株価が上昇しなくても、様子を見ながら、細かく買いを繰り返すというやり方です。ネット証券の場合、取引手数料が安くなっていますので、こんなやり方が可能となることを覚えておくといいでしょう。

長期保有、分散して購入もOK
自分に合ったスタイルで

長期投資に向く銘柄とは？

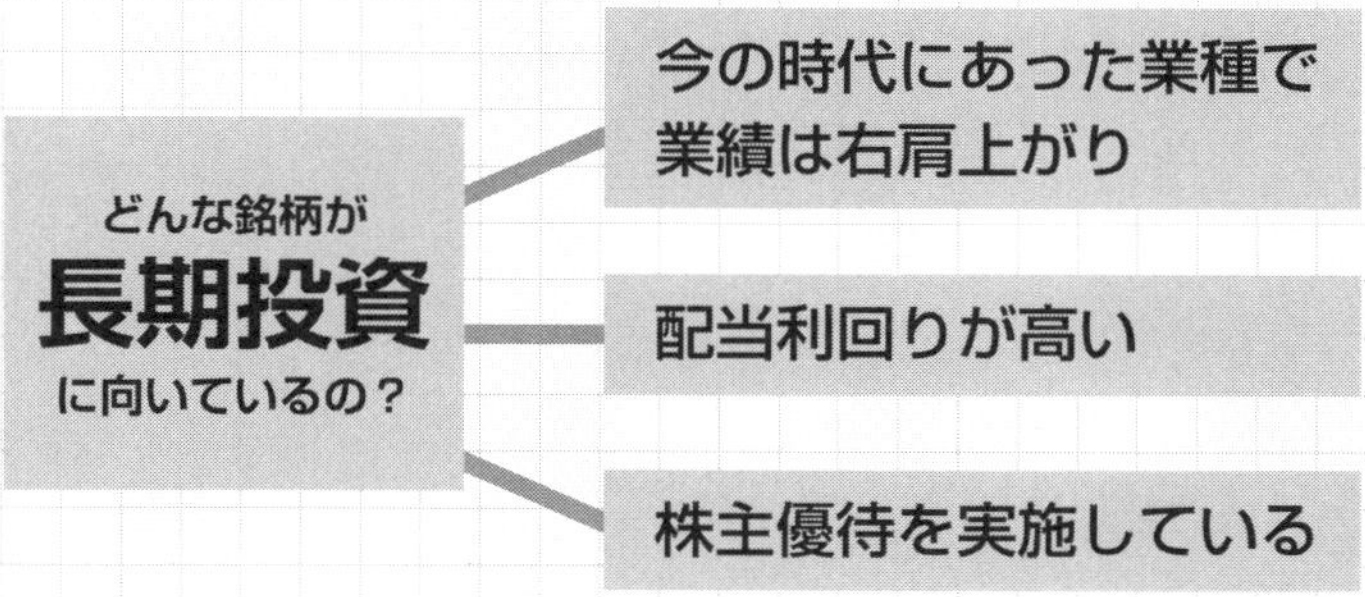

分散購入もOK

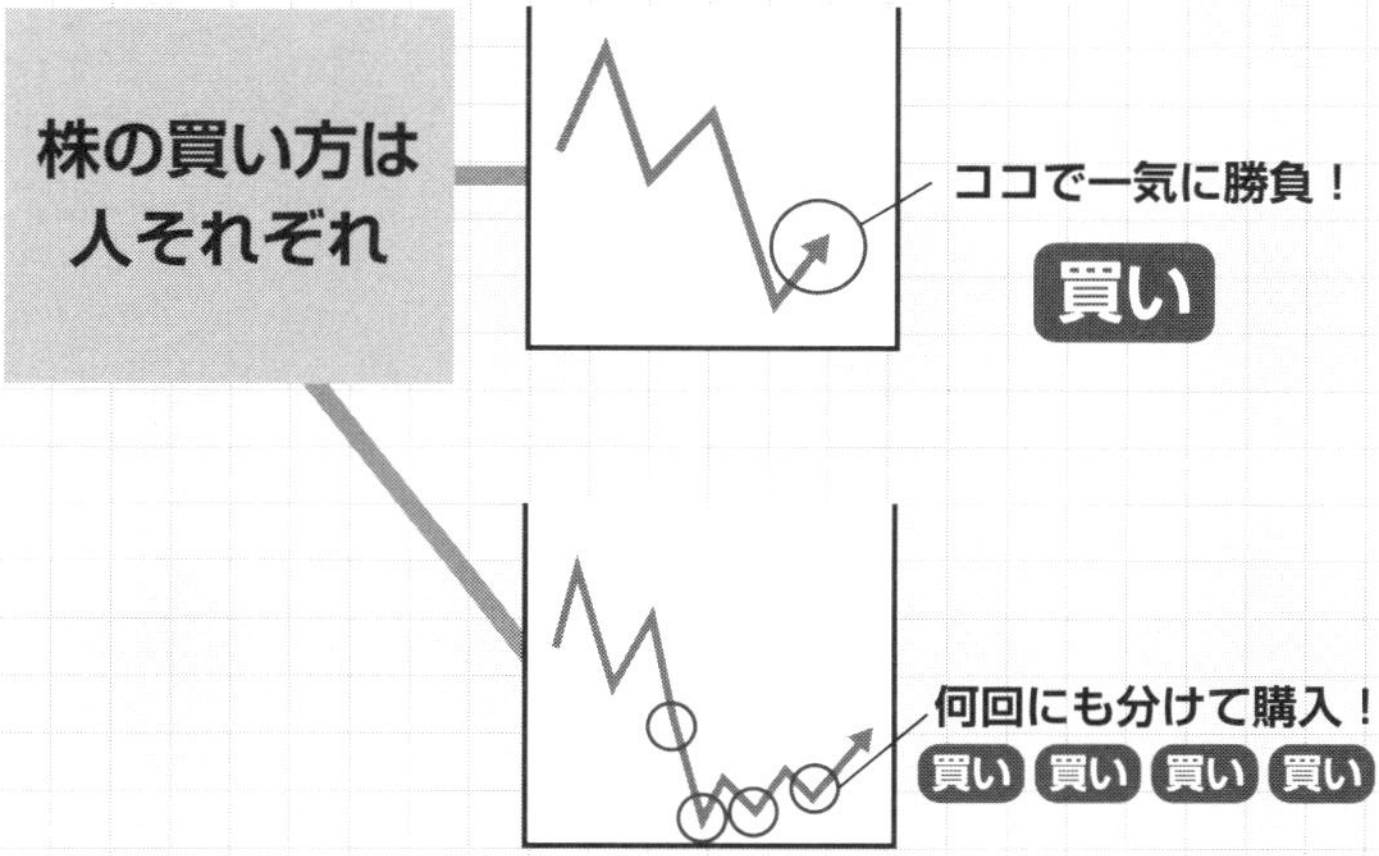

株式投資で勝つために…その12

日本株以外にも広がる投資の世界
外国株、ETF、リートも買ってみる

スマホアプリを使えば、日本語だけで外国株の取り引きが可能です。

現在、外国株を取り扱っている大手ネット証券は、「楽天証券」「マネックス証券」「SBI証券」です。この3社のネット証券に口座をお持ちの方も、新たに外国株の取引を始めたいと思ったら、「外国株取引口座」の申し込みもしましょう。その後の操作は日本株の売買と全く同じです。日本語で日本株の取引を行うのと同じく、日本語で外国株の取引ができます。

ETF《イーティーエフ》（上場投資信託）とは証券市場で売買されている投資信託のことです。ETFが通常の投資信託と異なるのは、証券取引所に上場されていること。つまり、投資家が自由に売買できる金融商品であるということです。当然、「成行」「指値」で売買できるのは、株と同じです。

ETFは個別銘柄ではなく、日経平均や石油、インド株といったジャンルに一括して投資したい時、大変便利です。

リートとは、投資家からお金を集めて不動産に投資し、不動産から上がった収益を利益として分配する投資商品です。投資家から集めた資金は、オフィスビルや賃貸住宅、ホテル、倉庫などの流通施設に投下し、それら不動産投資から得られた収益を投資家に還元するもの。銀行金利よりずっと高い利回りを期待できますが、配当時期に合わせて大きく売買される傾向にあるので、配当時期と年間チャートを見比べて買ってみるのも面白いでしょう。

外国株やＥＴＦ、リートにも挑戦してみよう！

外国株

・米国株
・中国株
・ヨーロッパ圏市場の株
・タイ株
・インド株（ADR）※など

→ **さまざまな国の株**

※ＡＤＲ＝代替証券。この場合は、米国市場に上場している証券。

ＥＴＦ

・石油関係
・金属関係
・銀行や機械など業種別
・ロシア、インド関係など

→ **テーマ別の投資信託**

リート

・オフィスビル
・民間賃貸マンション
・ホテル
・倉庫など

→ **不動産投資の投資信託**

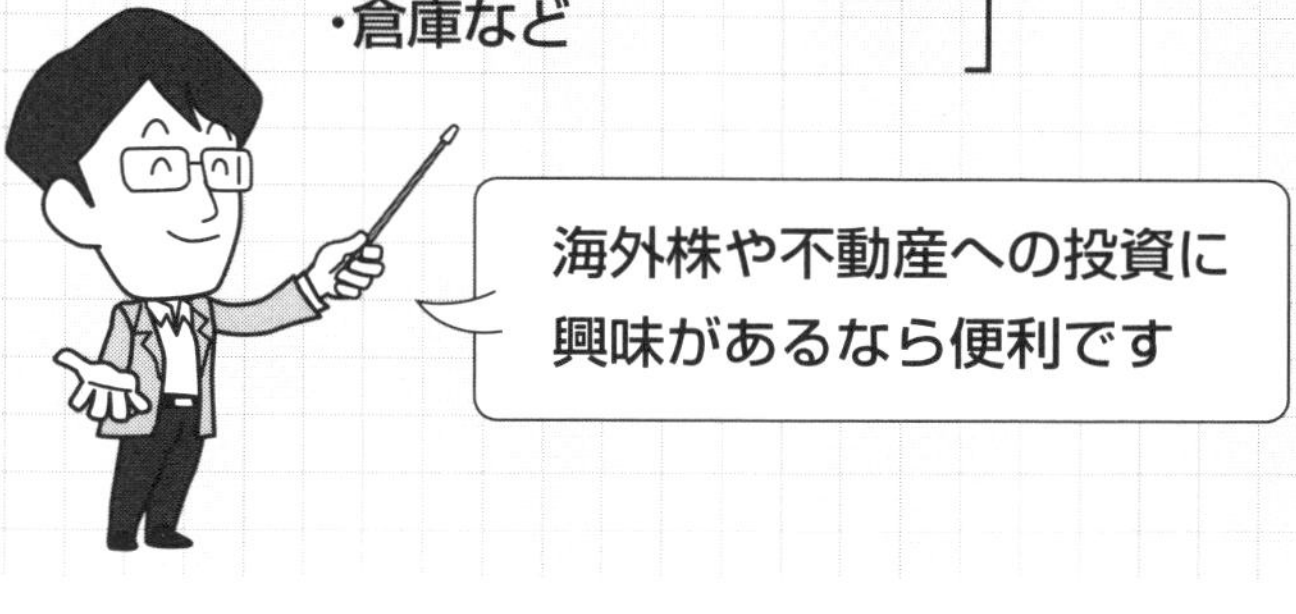
海外株や不動産への投資に興味があるなら便利です

株式投資で勝つために…
その13

NISA、積み立てNISA、ジュニアNISA…

税金がかからないNISAも賢く使おう

税金を払うのって、いやですよね。株の売却益（キャピタルゲイン）にも配当（インカムゲイン）にも、20％の税金がかかってきます。この株や投信の投資金額に一定の非課税枠を設けたのが、NISA（小額投資非課税制度）です。初めての投資で、小額の資金からスタートするなら、この「税金を支払わないシステム」を活用するべきです。

NISAにはさまざまな制限があります。まず、NISAを開設できるのは、1人につきひとつの口座だけ。すでにその証券会社に口座を持っていても、新たに口座を開設しなければなりません。

年間の非課税枠も120万円までで、非課税期間は5年。毎年、非課税枠が更新されるので、最大600万円までの投資額を非課税枠とすることができます。

これに対して、積み立てNISAとは、株の代わりに投資信託を運用するもの。投資信託とは資金をプロが運用するもので、「分散投資」や「小額から投資できる」というメリットを享受することができます。積み立てNISAの投資額の上限は年間40万円までです。

NISA適用には20歳以上という条件があったのですが、2016年から、ジュニアNISA制度がスタートしました。つまり、未成年者であっても、NISAの恩恵を受けることができるようになったわけです。ジュニアNISAでは投資資金の年間の上限が80万円まで。保護者が同じ証券会社に口座を保有していることが条件となっています。

「ＮＩＳＡ」ってどんなもの？

株式売買利益にかかる20%の
税金がかからない制度。

１人１口座のみ

たとえば楽天証券でNISAを申し込んだら他の証券会社では申し込めません。ですから取引が多い証券会社で申し込むのがベター。

ＮＩＳＡ申し込み
- A証券　ＯＫ！
- B証券　ＮＯ！
- C証券　ＮＯ！

１年間で１２０万円までの投資額が対象

たとえば、A株を１０万円、B株を１０万円と細かくNISAの口座で買っていき、投資額が１２０万円になるまで使えます。A株１０万円を１２回売買をしても同じです。

A株10万円分買い → 11万円で売り → 1万円の利益に対して2000円課税 → ＮＩＳＡ口座なら2000円を払わなくてすむ

５年間最大６００万円までの投資金額の利益が非課税

毎年１２０万円分の株を買って５年間分売却しなかったら、合計６００万円までの投資金額の利益には２０%とられる税金が免除されます。

1年目から5年目まで毎年120万円ずつ買い → 5年目で100万円の利益が出たら20万円の課税 → ＮＩＳＡ口座なら20万円を払わなくてすむ

株式投資で勝つために…その14

株で利益を出したら税金がかかります

証券税制と確定申告の基礎知識

株式を売却して得られた利益には、税金（所得税と住民税など）がかかってきます。年間20万円以上の利益が発生したなら、税務署で確定申告することが必要になってきます。

証券会社の口座には2種類あって、ひとつは「一般口座」、もうひとつは「特定口座」です。「特定口座」には、「源泉徴収あり」の2種類があります。「源泉徴収なし」と「源泉徴収なし」の場合は、証券会社が作成してくれた年間取引報告書をもとに、あなたが確定申告をします。

自営業者やフリーランサーにはあたりまえですが、会社が源泉徴収してくれる会社員の方々にはこれがなじみがなくて手間のかかるもの。ふつうは証券会社に口座を作るとき、「特定口座　源泉徴収あり」を選択しておくといいでしょう。口座は途中で変更することもできますが、変更は翌年以降の対応となります。

もし、持ち株の株価が下落して損失が出た時、確定申告すれば、払い過ぎた税金を取り戻すことができます。また、確定申告で、その年に出た損失を翌年から3年間、売却益と通算することも可能です。3年間だけですが、損益を通算出来た分だけ、翌年以降の売却益にかかってくる税金を安くすることができます。

前項で紹介したＮＩＳＡ（小額投資非課税制度）を使えば、年間１２０万円までの投資額にかかる税金をゼロにすることが可能です。税金のことはしっかり頭に入れておきましょう。

会社員なら特定口座が便利！

証券会社の口座の種類

一般口座 → 投資家が何から何まで自分で確定申告

特定口座
- 源泉徴収なし → 損益計算書は証券会社が作成も、投資家が自分で確定申告
- 源泉徴収あり → 証券会社がタダで税務処理

損失と売却益は通算できる

株の売買で損失が出たら → 翌年から３年間の間で投資を続ける予定なら確定申告 → 損失を売却益と通算できる

（例）

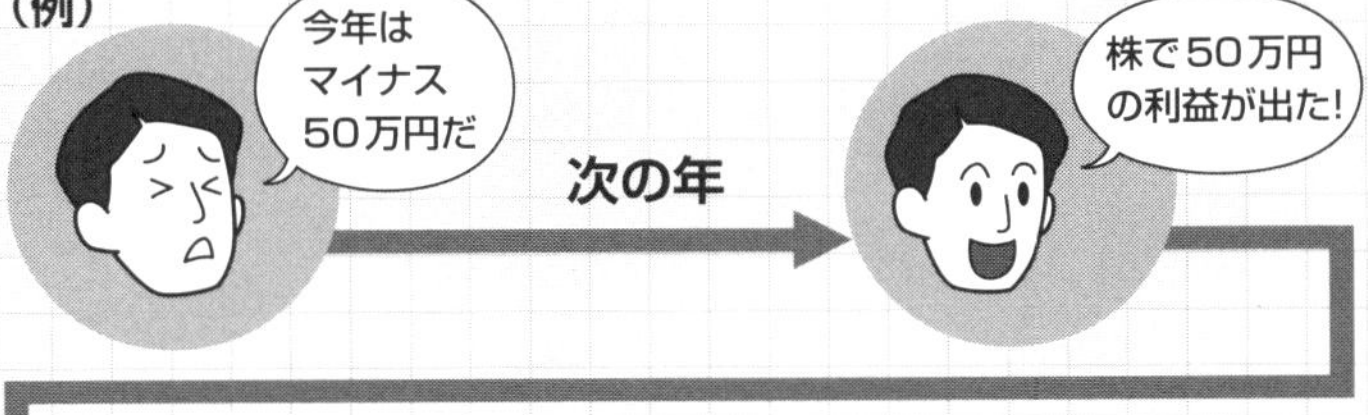

確定申告していない場合
→ 50万円の利益 × 所得税20%=10万円の納税

確定申告した場合
→ 50万円の利益－前年の50万円の損失＝0円（納税なし）

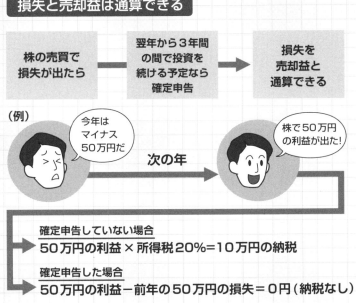

株式投資で勝つために…その15

まだまだ広がる株式投資の世界
「MARKETSPEED」も使ってみよう

ネット証券各社は、投資家のためにスマホ用のアプリばかりでなく、PC用、あるいはタブレット端末用のツールも用意しています。

楽天証券の場合、「MARKETSPEED」というツールがPC用に提供されています。

また、iPad専用ツールもあります。

PCの「MARKETSPEED」は、スマホの「iSPEED」と同じく、市況情報や株式ニュース、四季報まで無料で読めてしまう、情報収集に優れたソフトです。2018年秋には、情報量・操作性がアップした「MARKETSPEEDⅡ」もリリースされ、株を詳しく研究するにはとても便利なソフトです。

「MARKETSPEED」(for PC)は、ほかのツール、「MARKETSPEED」(for Mac)、「iSPEED」、「iSPEED for iPad」とクラウドで連携していて、例えばiSPEEDで登録した銘柄を「MARKETSPEED」で閲覧することが可能です。

通勤時間、ランチタイム、コーヒーブレイクを利用して、出先で株価をチェックしたり、情報を収集できるのが、スマホの長所。しかし、画面が小さくて見づらいのが難点です。

ちょっとした空き時間以外に、じっくりと投資戦略を練る時間が取れる人は、スマホの「iSPEED」と連動して、見やすいPCの大画面で「MARKETSPEED」を活用してみてはいかがでしょうか?

「MARKETSPEED」を使えば スマホ投資の世界はより広がる

休日の移動中も…
愛犬の散歩中も…
スマホならどこでも気軽に投資
「MARKETSPEED」
を導入すれば…
休日はPCで
投資研究も
いいですね
自宅でPCを使って
もっと詳しく研究できる

【巻末付録1】

自分のクセを知るための株式日記・売買記録ノート

最初だけで結構ですから、自分の売買の成功の確認と失敗に対する反省材料を自分で作ると、自分自身のことがよくわかってきます。株式投資は自分との闘いでもあるので、自分のことを知ることはとても大切です。成り行きで売買を繰り返していると、いつの間にか、資産が目減りしていくことが多いので、面倒でも、最初のうちは日記のようにメモしていきましょう。必ず株式投資の自分のスタイルが見えてくるでしょう。

売買記入例

銘柄名	売買月日	買・売	株価	株数	利益	売買理由	売買前後の動向
A社	10/9	㊀買 売	4015	100		包み線	3850円でストキャス買いサインあった
A社	10/10	買 ㊀売	4090	100	7500	ボリンジャー+2σ到達	+3σ突破まで待てばよかった
B社	10/10	㊀買 売	1950	100		ストキャス0%近く底	ストキャスが底から少し上昇時が底
C社	10/13	㊀買 売	255	200		長い下ヒゲ	2カ月前の下ヒゲはその後上昇
B社	10/17	買 ㊀売	1850	100	▲10000	−5%ルール	売っておいて正解
D社	10/18	㊀買 売	210	200		買い板多い	もう少し下値で指値
C社	10/20	買 ㊀売	290	100	3500	ボリンジャー+2σで半分売	残りはボリンジャー+3σまで待ち
D社	10/25	買 ㊀売	265	200	11000	上ヒゲ	その後の下げすごかった
		買 売					
		買 売					
		買 売					
		買 売					
		買 売					
		買 売					
		買 売					
		買 売					

（㊀は丸で囲まれた方）

銘柄名	売買月日	買・売	株価	株数	利益	売買理由	売買前後の動向
		買　売					
		買　売					
		買　売					
		買　売					
		買　売					
		買　売					
		買　売					
		買　売					
		買　売					
		買　売					
		買　売					
		買　売					
		買　売					
		買　売					
		買　売					
		買　売					
		買　売					
		買　売					
		買　売					
		買　売					
		買　売					
		買　売					
		買　売					
		買　売					
		買　売					
		買　売					
		買　売					
		買　売					

【巻末付録2】

株式投資・収支管理表グラフ

月ごとの自分の収支を出すと、やる気も起きます！

月ごとの株式投資収支（表）：記入例

年月日	利　益	損　失	小　計
2017 年 9 月	28000		28000
10 月		8500	19500
11 月	58000		77500
12 月	12000		89500
2018 年 1 月		21000	68500
2 月		28000	40500
3 月	56000		96500
4 月	29000		125500

月ごとの株式投資収支（グラフ）：記入例

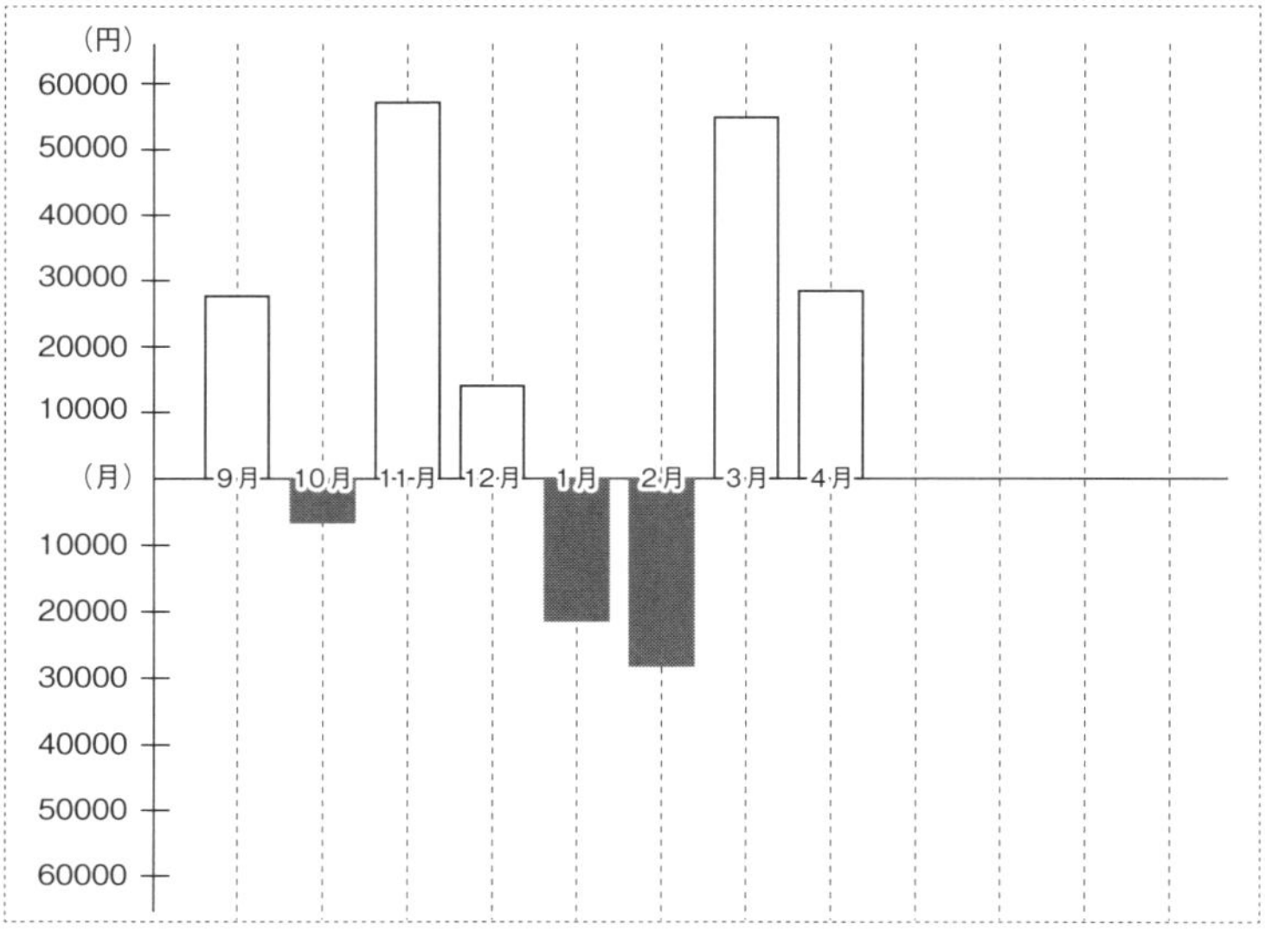

月ごとの株式投資収支（表）

年月日	利　益	損　失	小　計

月ごとの株式投資収支（表）：記入例

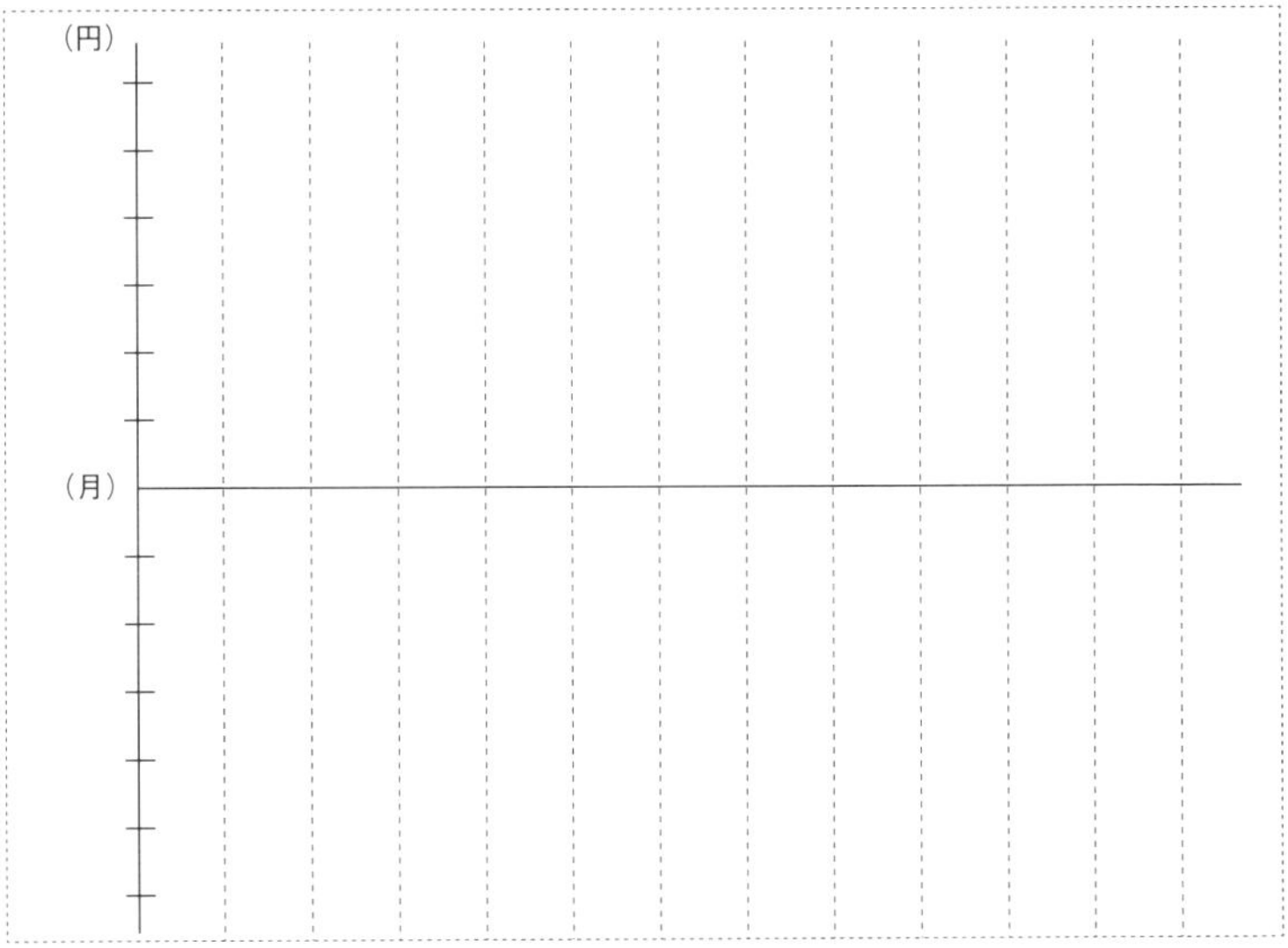

あとがき

「畳水練」という言葉があります。文字通り、「畳の上で水泳の練習をする」という意味です。畳の上という、何の危険もない場所で泳ぎ方の理屈や方法論を学んだとしても、実際に水の中で練習したわけではないから、そんなものは現実の役には立たない、そんな意味です。

本書で、スマホを活用した株式投資のやり方をお話ししてきました。しかしながら、それは「畳の上での水泳練習」と同じで、実践が伴わなければ、ただの理論で終わってしまいます。

本書をお読みいただいたみなさんは、証券会社に口座を開いて、株式投資を行うと思います。10万円以下で買える株式も1000種類以上ありますから、「スクリーニング」で探して、どんどんトレードを経験することをお勧めします。

株式投資で大成功を収めた投資家たちも、最初は初心者でした。彼らは、投資を始めた直後からずっと利益を上げ続けたわけでなく、初めは初心者らしい失敗を繰り返して、損失も重ね、そんな苦々しい経験から少しずつ、相場の「勘所」というものを痛みと一緒に学んでいったのです。つまり、実際に水の中に入って、頭で覚えた水泳の理屈や方法論を実地に試し、時には溺れそうになりながらも、経験を重ねて立派に水泳をマスターしていったということです。

読者の方たちが、本書でお伝えした「スマホで株取引」のやり方を実際の株式売買で生かし、少しずつ、投資家として成長していかれる事への一助となりましたら、書き手としてこれほど幸いなことはありません。本書を手に取られるのは、昼間働いていて、時間の自由が少ない方たちが多いと思います。株式投資に関心を持つということは、「お金儲けがしたい」という意味ばかりではありません。株式投資を始めると、あなたの関心は株価に関係する世界の政治的経済的事象に向けられていくことになるでしょう。

「外国の政治や事件でなぜ、日本の株価が下落するの？」

「阪神淡路大震災、東北大震災などの災害で、どのように日本円や株価が変動するの？」

株式投資に関心を持つことで、今まで理解できなかった世界の出来事の「意味」をその本質から理解できるようになっていきます。これが皆さんの人生にとって、単なるお金儲けだけでなく、本当の「財産」になっていくのだと、私は考えています。

最後に本書を執筆する機会を与えてくださった彩図社の権田一馬副編集長に感謝の言葉を述べさせていただき、筆をおきたいと思います。

著者

著者紹介

矢久仁史（やく・ひとし）

1962年東京都生まれ。大学卒業後、都内のメーカーに就職し、現在営業企画部部長。株式投資歴は30年以上になる。投資対象は日本、中国、アメリカ、インド、タイなどの現物株や新興国関連の投資信託、外貨、債券など幅広い。旅行が好きで、大学時代は国内ではヒッチハイクと野宿で全国を回り、海外も様々な国をバックパッカーとなって放浪。現在でも年に４～５回は有給休暇を上手に使って海外旅行を楽しんでいる。趣味の旅行、ゴルフの費用はすべて株式投資でまかなっている。お金の神様といわれた邱永漢（故人）氏の大ファンで、以前、邱氏のブログ「ハイＱ」への質問の返答で、投資商品が広がり過ぎていることを指摘され、「あなたは材木屋だ」と邱氏に言われたことがある（材木屋＝気が多い）。定年後は投資で築いた資産で海外移住することを目標に、日々投資活動を行っている。著書に『株で３億円稼いだサラリーマンが息子に教えた投資術』（双葉社・３刷）がある。

構成：小柳順治
イラスト：なんばきび
協力：楽天証券株式会社

資産をガッチリ増やす！
超かんたん「スマホ」株式投資術

2018年12月19日　第1刷
2019年10月29日　第6刷

著　者　矢久仁史

発行人　山田有司

発行所　株式会社　彩図社
東京都豊島区南大塚3-24-4
ＭＴビル　〒170-0005
TEL：03-5985-8213　FAX：03-5985-8224

印刷所　シナノ印刷株式会社

URL http://www.saiz.co.jp Twitter https://twitter.com/saiz_sha

 ISBN978-4-8013-0342-3 C0033